Spiel-Lern-Reihe 3–7

Wolfgang Bort-Gsella

Spielen auf die Schnelle

Neue Ideen für Kindergruppen

Burckhardthaus-Laetare Verlag

■ Die Reihe „3–7“ wird von Hajo Bücken herausgegeben. Sie ist gedacht für alle, die in der Kindererziehung tätig und mit den Problemen von Vorschulkindern konfrontiert sind in Kindergarten, Vorschule und Familie. Jährlich erscheinen zwei Bände.
Die Bände sind einzeln oder fortlaufend zu beziehen.
(Bei fortlaufendem Bezug sparen Sie ca. 15%)

Postanschrift: Schumannstr. 161, 63069 Offenbach/M.

Umschlaggestaltung: Peter Weber, Bremen
Illustrationen: Hans Gsella
Herstellung: Joachim Emrich, Gelnhausen
Satz: Salzland Druck, Staßfurt
Druck und Verarbeitung: RGG-Druck, Braunschweig

Die Deutsche Bibliothek – CIP-Einheitsaufnahme

Bort-Gsella, Wolfgang:
Spielen auf die Schnelle : neue Ideen für Kindergruppen / Wolfgang Bort-Gsella. – Offenbach/M. : Burckhardthaus-Laetare-Verl., 1996
(Spiel-Lern-Reihe 3–7)

ISBN 3–7664–9320–5

Inhalt

Regeln für spontane Spielleitung

Regeln für spontane Spielleitung

Ebenmal

Bei uns im Ruhrgebiet gibt es ein Unwort: „Ebenmal", d.h. ohne viel Zeit und Mühe, nebenbei, im Vorbeigehen, aus dem Stegreif. Wer von dieser kleinen Arbeitshilfe Spielpädagogik „light" erwartet, wird beim Ausprobieren der Spiele und Ideen leicht enttäuscht werden. Vieles ist schwieriger und schwerer, als es im ersten Moment aussieht.

Das Buch will anregen zum kurzweiligen, spontanen, improvisierten Tun.

Fähigkeiten

Dies können aber nur die Spielleitungen, die ihre Hausaufgaben schon einmal gemacht haben, die blitzschnell Situationen einschätzen können, ihre Gruppe genau kennen, ein Potential an Fähigkeit und Fertigkeiten besitzen.

Ein Jazztrompeter, der improvisiert, beherrscht sein Instrument, er kennt das Publikum, weiß etwas über Musik, sonst geht es schief.

Die folgenden Spielereien stehen im Gegensatz zu methodisch, didaktisch geplantem Spiel und Beschäftigungseinheiten oder thematisierten Spielketten. Ich möchte allerdings ausdrücklich feststellen, daß ohne beständiges, vertiefendes, spielerisches Tun, welches ein langen Atem braucht, Pädagogik leicht eine Ex-und-hopp-Atmosphäre provoziert. Darunter leiden Kinder heute schon genug. Hier erfahren Sie nur das Pünktchen auf dem i, andere Bücher führen weiter (siehe Teil 9, Seite 85).

Hausaufgaben vorher

Wenn Erwachsene mit Kindern spontan (ohne große Vorbereitungszeit – sofort!) spielen wollen, gilt es, einiges an „Hausaufgaben" vorher gemacht zu haben:

☐ Du solltest einige (30) verschiedenartige Spiele für die Kinder auswendig kennen und das Material dazu in einem Koffer, einer Kiste, einem Sack oder ähnliches bereitgestellt haben. — Auswendig wissen

☐ Diese, Deine persönliche Spielsammlung hast Du in kleine Einheiten (Spielketten) zusammengefaßt und ihnen Namen und Einführungen zugeordnet. — Geordnet

☐ Wähle als Spielort einen möglichst störungsunanfälligen Bereich des Raumes aus. Ablenkung ist Gift.

☐ Beginne mit einigen wenigen (3–7) Kindern, dann sofort. Nicht alle, die „zu spät" kommen, müssen integriert werden. — Beginn
Achtung, zuviele Neugierige lenken nur ab.

☐ Nach einigen wenigen Spielen (3–5) setze einen eindeutigen Schlußpunkt. Erhole Dich und beginne eventuell nach einiger Zeit wieder. — Schluß

☐ Es ist durchaus üblich, daß anfangs nicht alles glückt, probiere ein anderes Spiel aus. Falls Du, um des Spielens willen, zuviel disziplinieren mußt, nimm Dich zurück. — Probieren

☐ Wenn keiner mehr zuhören will, schweige. Ziehe Dich ohne Groll zurück.

☐ Wenn die Kinder Deine Vorschläge und Anregungen verändern, laß ihnen die Gelegenheit. Oft haben sie angemessenere Ideen. — Verändern

☐ Betrachte den Wunsch nach Wiederholung als Erfolg, aber nicht als Aufforderung, unentwegt die Rolle der Spielleitung zu übernehmen. — Wiederholen

☐ Kinder, die nicht mitspielen, brauchen keine besondere Behandlung.

☐ Störende oder passive Kinder möchten sehr häufig ein anderes Programm. Du kannst es aber nicht allen recht machen.

Kinderspiel

Spielende Kinder erweitern ihre Fähigkeiten und Kenntnisse, sie beginnen ihre Spannungszustände selbst zu regulieren, durch körperliche Aktivität üben sie neue Bewegungs- und Handlungsabläufe.

Spielende Kinder erleben sich als mächtig, wählen Regeln, Zeit, Raum und Partner. Sie herrschen über Vorgaben und Ziele, genießen die innere Grenzenlosigkeit der „als ob Situation".

Wir erwachsenen Mitmenschen stellen ihnen Spielräume, Spielmittel und Ideen zur Verfügung.

Entdecken und experimentieren werden die Kinder schon selbst.

Kurze Spielketten

Kurze Spielketten

Miniketten für Minis

Drei Spiele zu vielen Gelegenheiten, diese Minispielketten sind leicht zu behalten. Durch einen äußeren Zusammenhang, z.B. gleiches Material, gleiche Spielgeschichte, zusammengehörige Namen usw. werden Erinnerungsstützen aufgebaut. So ist eine der folgenden Spielzusammenstellungen bei Bedarf leichter abrufbar und durchaus sofort einsetzbar.

Voraussetzung ist, daß eventuelle Materialien auch direkt zugänglich sind. Die Namen und Spielideen sind auf das Kindergartenalter zugeschnitten.

DAS RATET IHR NIE!

1. Blinder Finger

Alle schließen die Augen und strecken einen Finger in die Luft.
Der Erwachsene benennt etwas, z.B.:
- ☐ Mund, re. Fuß, li. Ohr, Po, usw.
- ☐ Fenster, Blumenvase, Spülstein, Wanduhr, usw.
- ☐ Käthe, Bild von Schneewittchen, Erzieherin, Paul, usw.

Mit geschlossenen Augen zeigen alle Kinder mit dem Finger auf das zuvor Benannte. Dann ertönt ein Glöckchen, alle öffnen jetzt die Augen und …

2. Hörrätsel

Auf einer Kassette sind Alltagsgeräusche aufgenommen worden. Dazu gibt es passende Bilder und Zeichnungen (etwa Postkartengröße), z.B.:
Flötenkessel, Dusche, Kaffeemühle, Telefon, Türklingel, Toilettenspülung, Hundegebell, Autotür, Straßenbahn usw.

Es werden jeweils fünf Geräusche vorgespielt und die Kinder suchen gemeinsam die Bilder dazu aus. Eventuell wiederholen.

☐ *Varianten:* Stimmen, Kinderliederanfänge.

3. Kleine Kaninchen

Alle Kinder verstecken sich in eine Kaninchenhöhle (z.B. Decken über einen großen Tisch).

Sie warten auf Regen (Erbsen in ein Tamborin fallen lassen). Mit Geräuschegeräten und mit sich selbst macht ein Erwachsener Geräusche. Ertönt das richtige Geräusch, der lang erwartete Regen, kommen alle aus ihrer Höhle heraus und klettern auf den Tisch.

Eventuell mit einer Blumenspritze es „richtig regnen“ lassen.

☐ *Bemerkung:* Geräte, die Geräusche machen, sollen im Gruppenraum immer zugänglich lagern, z.B. wie auf dem Bild:

PFEIFENPUTZERPARTY

1. Bildergeschichte

Jedes Kind braucht ein DIN-A3-Karton, Pfeifenputzer in Originallänge oder ein „Bastelpfeifenputzer“ in der Länge halbiert, dazu Kleber. Jedes Kind klebt nun eine Bildergeschichte in „Zeichenschrift“. Die Geschichten werden anderen Kindern gezeigt und vorgestellt. – Hier eine Geschichte als Vorgabe:

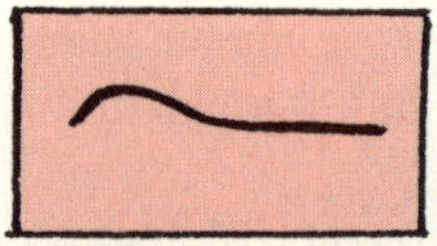

Ein Putzer liegt da ohne Eile
auf dem Blatt, hat Langeweile.

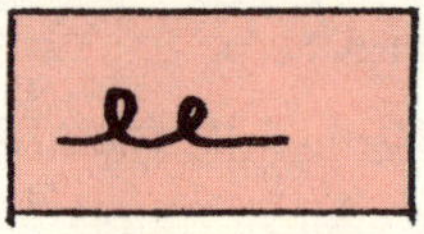

Oh weh, oh weh,
sein Bauch tut weh.

Er ringelt sich
und windet sich.

Gib acht, er lacht,
hat eine Acht gemacht.

Er fliegt davon
als Luftballon.

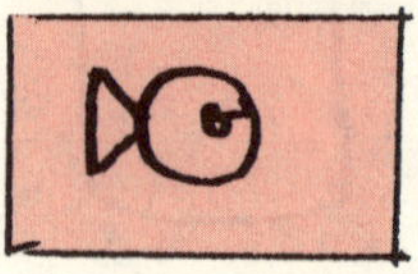

Als er landet auf dem Tisch,
wird er zu einem Kugelfisch.

☐ *Variante:* Mit verschiedenfarbigen Putzern ein Bild gestalten und aufkleben.

2. Putzerzoo

Mit Pfeifenputzern einen Zoo gestalten. Dabei ist darauf zu achten, daß die Tiere dreidimensional werden.
☐ *Variante:* Spielplatz

3. Optiker

Für verschiedene Puppen, Figuren werden Brillen aus Pfeifenputzern hergestellt und eine Pfeifenputzermodenschau veranstaltet.

KREPP-KLEBEBAND ...

... ist ein vielseitiges Material.

1. Klebebandrätsel

Auf dem Teppich sind mit Klebeband zwei bis drei einfache Figuren geklebt worden, z.B. Haus, Dreieck, Viereck, Treppe, usw.

Eine Decke oder ein Tuch liegt darüber. Die Kinder krabbeln unter die Decke, auf Wunsch mit verbundenen Augen, und fühlen die Figuren. Dann zeichnen die Kinder die Figuren auf einen Zettel, möglichst ohne abzugucken.

Der Spielleiter gibt ein Zeichen, alle drehen die Zettel um. Nun wird das Geheimnis gelüftet. Alle vergleichen ihre Zeichnung mit dem Original.

2. „Seiltanz“

Auf den Boden wird eine Figur geklebt.

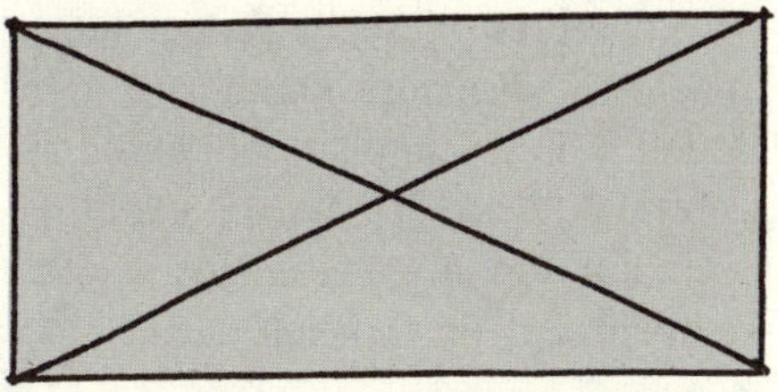

Alle Kinder gehen genau auf dem Strich. Kommt eine Ecke oder Kreuzung, wählen sie einen Weg. Kommt ein anderes Kind entgegen, gehen beide so aneinander vorbei, daß wenigstens ein Fuß das Klebeband noch berührt.

3. Klebemuseum

Es werden verschiedenartige, leichte Gegenstände in der Umgebung gesammelt, z.B. kleine Äste, Strohhalme, Schnipsel, Blätter, Federn, Zahnstocher, Borsten usw. Diese werden nun auf ein Klebeband gelegt, ein zweites Klebeband wird darüber geklebt. Die entstandene Klebeschlange wird aufgehangen, vielleicht erklärt.

Es können einzelne Kinder oder wenige Kinder zusammen ein Klebebandmuseum erstellen.

■ GLÜHWÜRMCHEN

1. Lampentango

Etwa drei bis sechs Kinder liegen in einem dunklen Raum auf dem Boden. Mit Taschenlampen lassen sie Lichtpunkte an der Wand, eventuell auch auf ein abgehangenes weißes Tuch tanzen. Musik spielt dazu.

2. Vorbeileuchten

Alle Kinder haben eine Lampe. Sie dürfen überall hin leuchten.

Trifft der Lichtstrahl allerdings ein Mensch, muß die Taschenlampe ausgestellt werden. Die beiden letzten Kinder dürfen von allen anderen Schatten an die Wand projizieren.

3. Spiegelblitz

In einem Raum werden zum Beispiel an den Wänden, in Regalen usw., kleine Spiegel angehängt oder aufgestellt. *Einzeln* suchen die Kinder mit *einer* Taschenlampe nach den Spiegeln.

Wenn alle Spiegel „aufgeblitzt" sind, ist das nächste Kind an der Reihe.

☐ *Bemerkung:* Taschenlampen gibt es oft preiswert auf Flohmärkten. Man sollte immer einige Ersatzbirnen und Batterien zur Hand haben.

■ STROHHALME

1. Messen

Der Strohhalm ist unser Längenmaß. Alle Kinder messen im Kindergartenraum oder auch draußen. Wie hoch ist ein Tisch? Wie lang ist Julia? Wie lang ist eine Kerze? usw.

In einem vorgefertigten Bilderbogen können alle Maße eingetragen werden.

☐ *Variante:* Eventuell als Maß ein Fußabdruck auf Pappe ausschneiden.

2. Schlüsselkette

Jedes Kind hat einen Strohhalm im Mund oder in der Hand. Ein leichter Schlüssel mit großem Loch wird reihum weitergegeben. Er sollte nicht herunterfallen.

3. Pusten

Auf einem Tisch wird ein großes Tablett, auf dem sich ein Tischtennisball befindet, gestellt. Ringsherum stehen die Kinder und pusten mit dem Strohhalm nach dem Ball.

Es können auch kleinere Hindernisse (Minigolf) oder Tore aufgebaut werden.

☐ *Bemerkung:* Gut sind große Halme ohne „Knick".

DETEKTIVSPIELE

1. Rätseltisch

Verschiedene Gegenstände werden auf den Tisch gelegt, eine Decke darüber, schnell gelüftet und wieder zugedeckt. Was liegt auf dem Tisch?

☐ *Variante:* Alle drehen sich herum, ein Gegenstand wird weggenommen. Was fehlt?

2. Personenbeschreibung

Ein Kind krabbelt unter eine Decke. Alle versuchen das Kind genau zu beschreiben: Kleider, Schuhe, Haare, Gesicht.

Dann wird aufgedeckt, verglichen und gewechselt. Eventuell einige zusätzliche Gegenstände benutzen.

3. Wasser, Luft, Erde

Viele Bildkarten von Tieren liegen offen bereit. An der Wand hängen drei Pappen mit den „Elementen". Die Kinder ordnen die Bildkarten den jeweiligen Elementen zu. Bei Grenzfällen (z.B. Pinguin, Kröte, usw.) die Bildkarten auf die Übergänge heften.

MIT EIERKARTONS ...

1. Museum

In Eierkartons werden verschiedene kleine Gegenstände in die Vertiefungen eingeordnet (Knöpfe, Steine, Schrauben, Korken, Nudeln, usw.). Für jedes Museum gilt es einen Oberbegriff wie Nudelmuseum, Schraubenmuseum, Körnermuseum oder ähnliches zu finden.

2. Eisenbahn

Mehrere Eierkartons werden als Zug mit Wollfäden zusammengekoppelt.

Es gibt Personenwagen (mit Wäscheklammern usw.), Güterwagen (mit Murmeln usw.) und Bahnhöfe (große Eierkartons).

3. Nußhüpfen

In eine Vertiefung der Eierkartons wird eine Nuß gelegt. Ohne die Nuß mit den Händen zu berühren, muß sie in alle sechs Vertiefungen hüpfen. Wer es schafft, darf die Nuß behalten.

Es spielt sich gut mit einer Erdnuß mit Schale.

SCHLANGENSPIELE

1. Schlangenfangen

Drei Kinder bilden durch gegenseitiges Anfassen eine Schlange. Ein Kind ist Kopf, ein Kind ist Schwanz. Ein Schlangenschwanz hat ein Tuch in der Hand (z.B. Halstuch). Die Schlangenköpfe versuchen nun den Schwanz zu „fangen", das Tuch zu erwischen. Der Kopf, der den Schwanz ergattert, wird neuer Schwanz und kann wieder gefangen werden.

2. Schlangenbeißen

Eine Kordel (2–3 m) bekommt in regelmäßigen Abständen (ca. 30–40 cm) einen Knoten. Ein Kind beißt auf den ersten Knoten und hält still. Ein zweites Kind beißt auf den zweiten Knoten, dann erst löst das erste Kind seinen Biß und beißt in den dritten Knoten. Das zweite Kind löst nun seinen ersten Biß und beißt in den vierten Knoten usw. Es dürfen *keine* Hände dabei benutzt werden.

3. Schlüsselschlange

Ein Schlüssel wird an eine lange Kordel gebunden. Ein Kind steckt den Schlüssel in den rechten Ärmel, an der linken Hand muß der Schlüssel wieder herauskommen. Nun ist das nächste Kind an der Reihe. Sind alle so miteinander verbunden, wird der Schlüssel sehr langsam wieder herausgezogen.

BIERDECKELSPIELE

1. Puzzle

Runde Bierdeckel werden mit einer Schere in zwei etwa gleichgroße Teile geteilt. Die Schnitte sind immer anders. Jede Hälfte bekommt eine Farbe, so gibt es immer eine rote und eine grüne Hälfte. Die passenden Hälften müssen gefunden und zusammengesteckt werden.

2. Kellner

Ein Kind darf möglichst viele Bierdeckel einmal im Kreis herum tragen. Kein Bierdeckel sollte herunterfallen, kein Bierdeckel darf einen anderen berühren.

3. Schaufeln

Eine Spielfläche wird in zwei gleichgroße Hälften geteilt (Mittellinie). In jeder Hälfte stehen gleich viele Kinder mit jeweils fünf Bierdeckeln in der Hand. Auf ein Startzeichen, versuchen die Kinder die Bierdeckel in die andere Hälfte zu werfen. Die Kinder dürfen die andere Hälfte nicht betreten. Es gilt, soviele Bierdeckel wie möglich ins andere Feld zu werfen.

Nach etwa einer Minute ertönt ein Schlußton, dann werden Bierdeckeltürme gebildet. Die Kinder mit dem niedrigsten Turm dürfen sich ein weiteres Bierdeckelspiel wünschen.

LUFTBALLONSPIELE

1. Fliegeballons

Zwei Luftballons werden von jeweils einer Kindergruppe so lange wie möglich in der Luft gehalten. Die Kinder dürfen den Ballon nur mit einem ausgestreckten Finger berühren.

☐ *Variante:* Der Ballon darf mit anderen Körperteilen (Knie, Ellenbogen, Hand, Nase, usw.) berührt werden.

2. Krabbelballon

Jeweils zwei Kinder krabbeln eine festgelegte Strecke entlang. Zwischen den Köpfen klemmt ein Luftballon.

3. Korbball

Auf etwa Tischhöhe wird ein Papierkorb gestellt. Mit dem ausgestreckten Finger versuchen die Kinder den Ballon in den Korb zu stubsen.

☐ *Varianten:* Zwei Körbe, ein Ballon, zwei Kindergruppen,
ein Korb, zwei verschiedenfarbige Ballons, passend zum Korb, zwei Kindergruppen,
andere Körperteile (z.B. Füße) dürfen den Ballon berühren.

MEIN RECHTER PLATZ ...

Das Spiel „Mein rechter Platz ist leer!“ werden alle kennen! Hier drei verschiedene Möglichkeiten.

1. Als Pinguin

Das wünschende Kind erbittet sich ein anderes in einer bestimmten „Gangart“ herbei, z.B. als Krebs, als Dampfwalze, als Straßenbahn, als Hubschrauber, als Biene usw.

2. Als Grün

Alle Kinder bekommen verschiedenfarbige Buttons.

☐ *Variante:* verschiedenfarbige geometrische Figuren (grünes Dreieck, roter Kreis, blaues Viereck, usw.)

3. Mein linker Platz ist leer

Beide Nachbarn des leeren Stuhles dürfen rufen.

BESUCH IM ZOO

1. Löwe und Knochen

Ein Löwe bewacht kniend einen Knochen (kleines Tuch). Alle anderen Kinder sind Geier, sie versuchen dem Löwen den Knochen zu stehlen.

Berührt der Löwe einen Geier, muß dieser erst einmal kurz ausscheiden, um sich seine Wunden zu kühlen, darf dann aber wieder mitspielen.

Hat der Geier den Knochen in sicherer Entfernung (ca. 1 m) gebracht, ohne berührt zu werden, wird er neuer Löwe.

2. Elefantenparade

Drei Kinder spielen jeweils einen Elefanten. Das mittlere Kind hält sich mit einer Hand die Nase zu, durch die Armbeuge streckt es den anderen Arm zum Rüssel. Die beiden anderen Kinder bilden aus ihren Armen ein rundes Ohr, rechts und links am Kopf des Elefanten.

Die Elefanten gehen durch den Raum, über Hindernisse, tanzen und können noch viel mehr Kunststücke. Sie dürfen dabei allerdings nie ihre Ohren verlieren.

3. Hamster

Überall im Raum sind Erdnüsse (mit Schale) versteckt. Alle Kinder bekommen einen kleinen „Hamsterbeutel“, dürfen suchen und sammeln. Zum Schluß verspeisen sie ihren Fund gemeinsam in der Hamsterhöhle.

Spiele aus dem Nähkästchen

Spiele aus dem Nähkästchen

Spiele und Ideen mit wenig oder einfachen Mitteln werden im Kindergartenalltag zunehmend wichtiger.

Da heute die Kinder mit Spielzeug (Spielwaren) überfüttert werden, verlieren sie manchmal den Blick dafür, auch mit einfachen Materialien spielen zu können.

Stichworte: Geschlechterrollen, Gewalt, Ellenbogengesellschaft usw.

Diese Konsumorientierung ist nicht nur teuer, sondern engt die Kreativität der Kinder ein und sie bringt durch Gestaltung und Regelwerk bestimmte gesellschaftliche Ein- oder Ansichten in den Vordergrund.

Die Spielideen dieses Abschnittes gehen von folgenden Überlegungen aus:

Roter Faden

Das Nähkästchen ist der rote Faden. Es verbirgt das Wenige, was ich als Spielmaterial einsetzen will, macht neugierig.
Die ausgewählten Spielvorschläge sind überwiegend kooperativ spielbar, das Gegeneinander steht nicht im Mittelpunkt. Diese Aussage sollte nicht dogmatisch gesehen werden. Jedoch, verlieren lernt man nicht, nur weil man häufig der oder die Letzte ist (siehe Teil 6, S. 47).

Freiheitsgrade

Regelspiele – Begegnungsspiele – Gestaltspiele
Die Spiele sind geordnet und zwar nach Freiheitsgraden, die das Spiel den Kindern gibt. Je mehr Freiheitsgrade die Spielregel hat, je schwieriger ist es für Ungeübte zu spielen. Spielen will gelernt sein. Langsam, schrittweise können Gestaltspiele und Begegnungsspiele eine größere Rolle spielen. Wenn aber soziale Wahrnehmung, Kreativität und Spontanität zu hohe Anforderungen an die Spielenden stellen, glückt das Spiel nicht immer. Der Rückgriff auf alte, bekannte, geregelte Spiele bleibt dann unerläßlich.

Regelspiele

Vorgegebene Aufgaben, Regeln, Rhythmen, Absichten ordnen das spielerische Handeln. Feste Regeln geben anfangs Sicherheit: „Man weiß, was kommt.“.

Regelspiele ermöglichen sozialen Kontakt, Begegnung, Kreativität, sie sind es aber noch nicht. Sie sind ein erster Schritt in den Spielalltag. Dies ist nicht unbedingt eine Alterssache, selbst der spielungeübte Erwachsene neigt zuerst zu sehr geregelten Spielen (Kicker, Mensch ärgere dich nicht, usw.).

NASENPOST

Alle sitzen im Kreis. Etwas wird weitergereicht.

- ☐ Eine Streichholzschachtel von Nase zu Nase.
- ☐ Ein Softtennisball von Kinn zu Kinn.
- ☐ Ein Wurfring von Fuß zu Fuß.
- ☐ Ein Tischtennisball von Löffel zu Löffel.
- ☐ Ein Luftballon von Handrücken zu Handrücken.
- ☐ Ein geflüstertes Wort von Ohr zu Ohr. … usw. …

Wer Fehler macht, hat nicht verloren oder scheidet etwa aus.

STAFFELN

Spielprinzip: Über einen bestimmten Weg nacheinander etwas zu transportieren, eine bestimmte Aufgabe nacheinander zu erfüllen.

Beispiele:

- Erbsen im Löffel
- Papiertüten, Ballons aufblasen
- etwas ausschneiden
- bauen
- malen und erraten
- umfüllen
- aus- und einpacken, einwickeln
- etwas schieben, oder hinter sich herziehen
- balancieren und/oder transportieren
- etwas heranziehen
- über Hindernisse ans Ziel gelangen usw.

PUZZELN

Gegenstände werden zerteilt, aus ihrer Ordnung gebracht. Die Kinder stellen gemeinsam die Ordnung wieder her.

Beispiele:

- ☐ Postkarten, Fotos werden zerteilt
- ☐ Bildergeschichten (Comics) werden vertauscht
- ☐ Gegenstände wie Stuhl (paßt leider nicht ins Nähkästchen) oder Küchenbrett werden zersägt usw.

HOCKEY

Zwei Gruppen spielen darum, in einer festgelegten Zeit viele Tore zu erreichen. Sie können eventuell die andere Gruppe daran hindern. Spielraum und die Wahl der Spielmittel sind den Fähigkeiten der Kinder anzupassen.

☐ „Bälle" können sein:
Ballons, Softbälle, Wasserball, Tischtennisball usw.

☐ „Schläger" könnten sein:
Besen, Holzlöffel, Stöckchen, Tischtennisschläger, Bleistifte usw.

☐ „Tore" könnten sein:
Papierkörbe, Kartons, Löcher, Flächen auf Boden oder Wand usw.

HÄUFELN

Alle sitzen im Kreis und stapeln nacheinander Gegenstände (Streichhölzer, Bauklötze, Schuhkartons, Streichholzschachteln, Ringe und Bälle, Papprollen, usw.). Nicht der zuerst seine Gegenstände losgeworden ist, hat gewonnen. Sondern, wenn eine Gruppe alle Gegenstände losgeworden ist und ein richtiger „Turm" in der Mitte steht, ist das Spiel beendet. Zwischenspiele (Intermezzi) regeln, daß alle sich immer wieder am Spiel beteiligen können, daß Spiele verkürzt oder verlängert werden.

TROMMELN

Alle sitzen im Kreis, alle legen die Hände auf ihre Knie. Nacheinander wird einmal „getrommelt“, die Laufrichtung wird vorgegeben. Zweimal „trommeln“ heißt Richtungsänderung, Rückwärtsgang. Ziel ist die rhythmische Temposteigerung.

Variante: Bewegt ein Kind die Hand, wenn es nicht an der Reihe ist oder hat geschlafen, Hand weg.
Hände auf die Knie der Nachbarn.

ELEFANTENNIESEN

Wie in einem Chor werden erst einmal nacheinander kleinere Untergruppen gebildet, die folgende Ausrufe lauthals einüben: *‚A‘, ‚rotz‘, ‚plitsch‘, ‚platsch‘, ‚zong‘, ‚U‘, ‚kreisch‘, usw.*

Als zweiter Schritt werden die einzelnen Ausrufe im schnellen Wechsel zum Zeichen der Dirigentin „vertieft“.

Schluß: Alle zusammen – Gesundheit!

LOCH IM ZAUN

Alle Kinder stehen im Kreis und haben sich an den Händen gefaßt. Ein Kind steht in der Mitte und ist „blind“ (Augen geschlossen oder Augenbinde, je nach Wahl *des Kindes!*). Im „Zaun“ haben zwei Kinder durch Heben der Arme ein Loch gebildet. Das „blinde“ Kind muß nun vorsichtig tastend das Loch im Zaun finden. Geschafft, alle klatschen laut, das Kind wählt ein anderes und das Spiel beginnt von vorn.

MEMORY

Ein sehr variantenreiches Regelspielprinzip ist das Memory.
1. Es müssen aus einem umfangreichen, verdeckten Angebot zusammenpassende Zwillinge oder Drillinge gesammelt werden.
2. Was gesammelt wird, kann durchaus verschieden sein.

- Behälter (z.B. Fläschchen) mit gleichen Gerüchen (Öle, Seifen etc.)
- Brettchen oder Pappstücke mit verschiedenen Oberflächen (Schmiergel, Sand, Textilien, usw.)
- Behälter (Dosen) mit verschiedenen Inhalten (Nägel, Erbsen, usw.). Erst schütteln, dann zuordnen.
- Joghurtbecher mit kleinen Gegenständen (Nußplätzchen, Bausteine, Samen, usw.).

Anmerkung: In der Spielzeugmassenproduktion wird ein Memory oft nur mit Bildkarten vorgestellt. Im Nähkästchen sollten einige originelle Alternativen vorhanden sein.

Begegnungsspiele

Im Vordergrund das Zusammenspiel

Begegnungsspiele haben eine soziale Komponente. Neben einer Spielaufgabe steht das Zusammenspiel mit anderen Kindern im Vordergrund, miteinander nicht neben- oder gegeneinander Handeln.

Im Vorschulalter ist die soziale Wahrnehmung auch durch die Anzahl der mitspielenden Kinder begrenzt.

Beispiel

Der Stuhlkreis, Schlußkreis (alle 25 Kinder einer Kindergartengruppe) ist für die Kinder eher dadurch geprägt, Disziplin einzuüben. Wenn alle Kinder aktiv miteinander spielen sollen, sind kleinere Gruppen (7–10 Kinder) vorteilhafter.

Im Besonderen sind Begegnungsspiele für folgende Verhaltensweisen förderlich:

- ☐ anderen Kindern zuhören
- ☐ andere Kinder ansprechen
- ☐ äußere Merkmale (z.B. Haltung, Mimik) bei anderen erkennen und teilweise interpretieren
- ☐ anderen Kindern etwas berichten, erzählen
- ☐ teilweise Gedanken und Worte der anderen Kinder mit den eigenen verknüpfen
- ☐ Spielpartner wählen, Zufallswahlen akzeptieren
- ☐ Körperkontakt angemessen einsetzen.

Ziel und Weg

Wir sollten dabei nicht vergessen, daß die Fähigkeiten soziale Wahrnehmung und miteinander Spielen im Vorschul- und Elementarbereich erst gelernt werden sollen. Anfangs glückt deswegen nicht jedes Begegnungsspiel. Begegnungsspiele sind Ziel und Weg zugleich.

RÜCKENMALEN

Kinder stehen hintereinander in einer Reihe (etwa fünf Personen). Sie schauen alle in eine Richtung. Das letzte Kind bekommt auf einem Blatt eine einfache Figur gezeigt (Kreis, Dreieck, Halbmond, usw.).

Auf den Rücken des jeweils vorderen Kindes wird nun mit dem Finger die Figur gemalt. So wird das Bild bis zum ersten Kind weitergegeben. Dies malt die Figur auf ein Blatt. Nach Abschluß werden die Motive vom Anfang und Ende miteinander verglichen.

HÄNDE UND FÜSSE

Zwischen zwei Gruppen ist ein Tuch gespannt. Ein verdecktes Kind aus einer Gruppe zeigt den anderen seinen Fuß. Die andere Gruppe muß erraten, welcher Fuß zu welchem Kind gehört.

FIGUREN SCHNEIDEN

Jedes Kind malt die Umrisse eines anderen Kindes auf ein großes Zeitungsblatt. Dann wird der Umriß ausgeschnitten. Alle Figuren werden an die Wand gehängt und wir sehen: Wer ist wer?

FÄDCHEN

Zwei spielen zusammen, ein Kind darf beim anderen Kind pantomimisch einen Figurenspieler (Marionetten-) spielen. Das andere Kind ist die Marionette, die durch das Ziehen der Fäden, ohne zu sprechen, bewegt wird. Die Marionetten dürfen nach einiger Zeit wechseln.

WELCHES KÖRPERTEIL?

Ein Kind liegt unter einem dünnen undurchsichtigen Tuch. Auf Wunsch hebt das Kind ein Körperteil. Alle anderen müssen erraten, welches Körperteil angehoben wurde.

WER IST ES?

Ein Kind sitzt „blind“ auf einem Stuhl. Nach und nach knien sich die anderen Kinder vor das „blinde“ Kind. Mit einem hölzernen Löffel oder mit den Händen müssen sie nun herausfinden, welches Kind es ist.

IM BRUNNEN

Ein Kind hockt im Kreis und ruft um Hilfe.

Kind: „Ich bin in den Brunnen gefallen."
Alle: „Wieviel Meter tief?"
Kind: „100 Meter tief."
Alle: „Wie können wir dich wieder herausholen?"
Kind: „Wenn alle trompeten."
(*Jedes Kind wünscht sich eine andere Variante.*)
Alle: Trompeten laut und lustig.

Das Brunnenkind holt ein anderes Kind in den Kreis.

AUS DREI WIRD EINS

Drei Kinder bauen aus sich selbst heraus, vorgegebene Dinge, Wesen, Gegenstände, die eine Funktion haben.

Beispiele: Biene, Backofen, Sofa, Klo, Küchenschrank, Toaster, Palme, Stuhl, usw.

Sind die Kinder eingespielt, können die Figuren auch als Rätsel vorgestellt werden. Nach einiger Übung können auch ältere Kinder etwas größere Gruppen bilden.

GESTALTUNGSSPIELE

Die Spielgestaltungsmöglichkeiten der Kinder werden umfangreicher und vielfältiger. Es beginnen auch gemeinsame Produktionen. In dieser Situation sind Gestaltungsspiele sinnvoll. Achtung: Zuviel Freiheitsgrade können auch überfordern.

ZWEI GESPENSTER

Mit Laken verkleiden sich zwei Kinder zu Gespenstern. Dann werden andere Kinder in den Raum gebeten. Diese dürfen auch Fragen stellen, welche von den Gespenstern ohne Worte mit ja oder nein beantwortet werden können. Alle müssen zum Schluß raten, wer welches Gespenst ist. Achtung: nicht die Schuhe zeigen.

ATOMSPIEL

Alle bewegen sich nach Musik durch den Raum. Stoppt die Musik, werden schnell Gruppen je nach Vorgabe gebildet, z.B.:

- Paare
- Dreiergruppen
- Haarfarbe
- Alter
- Strumpffarbe
- Haustiere
- Lieblingsessen

usw. …

EI EI EI

Auf einem Karton wird ein großes Ei gemalt und ausgeschnitten. Das Ei wird in etwa gleichgroße unregelmäßige Teile zerschnitten und numeriert. Jedes Kind darf ein Teil bemalen.

Achtung: Maltechnik soll bei allen Teilen gleich bleiben, die Nummern stehen auf der Rückseite, oben und unten ist deutlich markiert.

Wenn alle fertig sind, wird das Ei nach den Nummern mit Packklebeband zusammengeklebt und unter großer Aufmerksamkeit herumgedreht.

Varianten:

- ☐ andere Grundformen (Tannenbaum, Schiff, usw.)
- ☐ verschiedene Gestaltungstechniken

ANSCHLEICHEN

Ein Kind sitzt in der Mitte des Raumes und ist „blind". Alle anderen schleichen sich so leise wie möglich heran. Das Kind, das zuerst das „Blinde" in der Mitte berührt, übernimmt dessen Rolle.

DETEKTIVE

Einige Kinder sind hinter einem Vorhang verborgen und machen immer wieder dieselben Geräusche (Luftballons aufblasen, Rasseln schütteln, Wecker aufziehen, usw.). Nach einiger Zeit müssen die Detektive die Geräusche erraten. Danach wird der Vorhang entfernt.

FLUMIE

Ein weicher Schaumstoffball wird durch den Kreis gereicht. Er wandelt sich und die Kinder spielen die Verwandlung mit dem Flumie. Der Flumie ist beispielsweise eine Glaskugel, kalt, glitschig, eine Feder, schwer, ein Kaktus, ein Kaninchen usw.

OSTERN

Jedes Kind bemalt für ein anderes ein Osterei. Die Namen werden ausgelost und erst am Ende wird verraten, für wen das Ei ist.

Variante: Brötchen, Hut, Schultüte etc. gestalten.

FENSTERBILD

Ein Kind sitzt vor der Scheibe, ein anderes dahinter. Auf der Scheibe wird von einer Seite mit Fingerfarbe ein Portrait des anderen Kindes gemalt.

Man kann auch passend große Plexiglasscheiben benutzen (Baumarkt).

KÄNGURUH

Zwei Kinder bekommen einen Karton wie einen Bauchladen vor den Bauch gebunden. Oben ist die Kiste offen. Nun versucht jedes Kind soviele Tischtennisbälle wie möglich in den anderen „Beutel“ zu werfen. Zum Schluß werden die Punkte (Bälle) des Spielpaares zusammengezählt.

Spiele für unterwegs

Spiele für unterwegs

Adios Romantik

„Draußen und umsonst", dieses nostalgische Schlagwort aus der bündischen Jugendbewegung, den Wandervögeln und den Naturfreunden ist ein romantisches Ideal.

Wer heute „aus grauer Städte Mauern singend in Wald und Flur" hinausziehen will, dem wird das kaum gelingen. Städte sind durch Fernsehen, Beton, Lämpchen und Reklame eher bunt geworden, dadurch allerdings nicht weniger trist, unwirklich, kinderfeindlich: Wald und Flur wirken eher heruntergekommen, zersiedelt, verkehrsangebunden, eingemüllt. Einfach hinauszuziehen wird zum verkehrsbedingten Spießrutenlauf, für kleinere Kinder allemal.

Oft nur eine Täuschung

Die pädagogischen Gebäude und Außengelände täuschen manchmal noch etwas „schönes Grünes" vor. Von Erwachsenen nett anzusehen, eine kümmerliche Variante einer Friedhofsgärtnerei. Fikus und Bodendecker sind keine brauchbare Antwort auf das Bedürfnis der Kinder, sich handelnd mit Natur auseinander zu setzen. Was ist zu tun?

Wie Spielruinen in und an pädagogischen Einrichtungen verbessert werden können, lesen Sie bitte an anderer Stelle nach:

Natürliche Spielräume

Wagner: „Naturspielräume", Bort-Gsella: „Räume gestalten – Spielräume schaffen" (siehe Literaturverzeichnis, S. 86).

Trotz vieler Verbesserungsvorschläge für den pädagogischen Raum wird dort das Selbstverständliche künstlich neu geschaffen (Miedzinski: „Die Bewegungsbaustelle“, Kückelhaus: „Entfaltung der Sinne“, siehe Literaturverzeichnis).

Raus aus dem Haus

Wir kommen wahrscheinlich nicht darum herum, den Kindergarten oder die Schule zu verlassen, unterwegs zu sein, möglichst zu Fuß, mit dem Linienbus, mit dem Roller.

Oft gibt es noch „naturnahe Natur“ (Wiesen, Wäldchen, Brachen). Vermeiden Sie, wenn es geht, Naturmodelle (Zoo, Park, Garten, Spielplatz). Gehen Sie dorthin, wo Sie ein Loch graben können! Falls Sie Ausflugsziele gefunden haben, besuchen Sie diese Stellen regelmäßig, auch bei etwas ungünstigeren Witterungsbedingungen. Falls nötig, reichern Sie die Umgebung und den Weg dorthin mit Spielen und Anregungen an.

Spiel mobil

Manche mobile Spiel- und Materialwagen (Handwagen) können unterwegs sehr nützlich sein.
Hier einige Beispiele:

Bauwagen: Werkzeug, Meßlatten, Eimer, Nägel, Seile, Absperrband, Butterbrotdosen, Henkelmänner, Flaschen, Messer, Raspeln, Draht usw.

Wasserwagen: Dachrinnen, Planschbecken, Eimer, Schläuche, Schüsseln, Plastikplanen als Rutschbahnen, Schaufeln, Siebe, usw.

Kochwagen: Grill, Töpfe, Geschirr, Besteck, Holzkohle, Decken, Tabletts, usw.

Forschungswagen: Lupen, Filter, Pinzetten, Gläschen, Teststreifen, Fotoapparat, Bestimmungsbücher, Sammelkasten, Siebe, usw.

Sportwagen: Bälle, Tücher, Schwungtuch, Seile, Indiaca, Netze, Frisbees, Stelzen, usw.

PINNCHEN

Zwei etwa tischgroße Felder werden auf den Boden gemalt. In jedem Feld steht ein Kind. Ein Kind hat einen daumendicken, etwa handlangen Stock (Pinnchen) in der Hand. Das Pinnchen muß so ins andere Feld geworfen werden, daß es liegt, dann gibt es einen Punkt. Das andere Kind muß dies verhindern, ohne Arme und Hände einzusetzen. Berührt das Pinnchen einen Strich, gibt es keinen Punkt, nur der Werfer wechselt. Landet das Pinnchen außerhalb des Feldes, gibt es einen Punkt gegen den Werfer. Beide Kinder dürfen ihr Feld mit den Füßen nicht verlassen, sonst ist die Aktion ungültig.

MOOSHÄUSCHEN

Aus Ästen wird ein kleines Modellhaus gebaut (in Fachwerkstil). Dann werden Moosstücke ausgehoben und als Wand und Dachfläche angebracht. Nach einiger Zeit entstehen kleine Dörfer.

BARFUSS

Alle gehen barfuß durch das Gelände und versuchen, möglichst leise viele Dinge auf dem Boden mit den Füßen zu ertasten.

SCHLANGENFANGEN

Ein Kind zieht eine kurze dicke Leine hinter sich her. Gelingt es einem der anderen Kinder, das Seilende zu packen, ist es der neue Schlangenkopf.

WIESENFERNSEHEN

Aus Ästen wird ein Fernsehrahmen geflochten und vor eine interessante Sache gestellt (z.B. großer Stein, Ameisenhaufen, Pflanze, usw.). Dann wird eine Weile gemeinsam „ferngesehen".

FUCHS UND HASE

Ein Kind ist Fuchs und die anderen Hasen. Der Fuchs fängt einen Hasen durch Abschlagen. Läuft ein Hase zwischen Fuchs und verfolgtem Hasen hindurch, muß der Fuchs den Durchläufer nachjagen.

SCHWEINCHEN

Alle Kinder stehen im Kreis und werfen sich einen weichen Ball zu. Ein Kind geht in die Mitte, es muß den Ball fangen. Gelingt es, wird das Kind, welches geworfen hat, neues Schweinchen. Es können auch mehrere Kinder „Schweinchen" sein.

RUTSCHEN

Eine dicke feste Folie (Teichfolie) wird als Rutschbahn auf einen Hügel gelegt, vorher Steine entfernen. Mit etwas Creme, Vasiline oder Schmierseife kann die „Sommerrodelbahn" noch glitschiger gemacht werden.

FÄDCHEN

Ein langes Seil wird durch ein Gelände gespannt. Alter und Spielerfahrung bestimmen die Länge; Vielfältigkeit und Gefährlichkeit die Strecke. Die Kinder können dann mit geschlossenen Augen an dem Seil entlang laufen.

Variante: Es kann auch etwas an das Seil gehangen werden.

LANDVERMESSER

Die Kinder bekommen Meßstäbe (1 m) und vermessen ein festgelegtes Gelände. Auf einem großen Bogen Packpapier wird das Gelände maßstabsgerecht übertragen (z.B. Maßstab 1 : 10, das heißt 10 cm auf dem Plan entsprechen also 1 m im Gelände).

STATIONSLAUF

Auf dem Gelände verteilt sind einige Stationen, die die Kinder in kleinen Gruppen anlaufen und dort verschiedene Aufgaben lösen.

Hier einige Beispiele für junge Kinder:

- ☐ bestimmte Steine sammeln
- ☐ Blätter sammeln
- ☐ über Balken / Baum balancieren
- ☐ Wasser transportieren
- ☐ Höhle bauen
- ☐ Loch graben
- ☐ kleine Natursteinmauer herstellen
- ☐ usw. …

HÄNSEL UND GRETEL

Auf dem Wege werden mit einer größeren Zahl von auffälligen kleinen Gegenständen (Wollfäden, blaue Plättchen o.ä.) Markierungen angebracht, die wir auf dem Rückweg wieder einsammeln.

ZITRONENTANNE

Es werden von Erwachsenen Gegenstände in Bäume und Büsche gehängt (z.B. Eierbecher, Luftballons, Bananen, Weihnachtsbaumkugeln, usw.). Die Kinder versuchen dann alle Gegenstände, die „falsch" sind, zu finden.

ROLLBAND

Alle Kinder liegen eng nebeneinander auf der Wiese. Ein Kind legt sich quer dazu auf das „Rollband". Nun beginnen alle langsam in einer Richtung zu rollen. Das Kind wird langsam bewegt. Die letzte Rolle muß recht schnell nach vorne wechseln, damit es weitergehen kann.

MAUERN

Auf einem Strick läuft ein „Maurer" hin und her. Alle Kinder müssen die Seite wechseln, wenn der Maurer ruft: „Ich brauche Steine." Fängt der Maurer ein Kind, wird es an der Stelle zum Stein. Diese „Steine" dürfen auch Kinder fangen, sich dabei allerdings nicht auf dem Strich hin und her bewegen.

Schwungtuchspiele

Ein Schwungtuch (ca. 3–5 m Durchmesser) ist ein brauchbares Spielzeug, es paßt in jeden Rucksack.

Wellen: Alle fassen das Schwungtuch an. Zuerst werden durch Schwingen Wellen – kleine, große und Riesenwellen.

Dach: Ein Dach wird so gebaut, daß sich alle aus der Hocke heraus aufrichten, die Arme hochreißen und einige Schritte zur Mitte gehen.

Ballon: Einen Ballon formt man wie ein Dach, dann ziehen alle die Innenseite des Schwungtuches unter ihren Po.

TAUCHEN

Nach drei Riesenwellen dürfen bestimmte Kinder unter dem Schwungtuch zur anderen Seite laufen (tauchen). Zum *Beispiel:*

- ☐ alle, die weiße Schuhe haben
- ☐ alle, die eine Brille tragen
- ☐ alle Jungen mit blonden Haaren
- ☐ alle, die eine blaue Hose tragen
- ☐ alle, die fünf … Jahre alt sind usw.

Tauchen ist für Kinder oft derart reizvoll, daß sie möglichst immer unter dem Tuch bleiben wollen. Versuchen Sie möglichst gelassen darauf zu reagieren. Wer ständig unter das Tuch will, hat Defizite in Richtung sozialer Anerkennung und / oder zuwenig Abenteuer selbst erlebt.

KREISEL

Alle fassen das Schwungtuch mit der rechten Hand und halten das Tuch straff. Im Uhrzeigersinn beginnt sich das Tuch zu drehen, erst langsam, dann schnell. Wenn die Kreiselrichtung verändert wird, auch die andere Hand benutzen.

GESPENST

Alle Kinder sind unter dem Schwungtuch und spielen ein Gespenst mit vielen Beinen. Es kann heulen, schnarchen, fauchen, jammern und vieles mehr.

RUDERN

Alle sitzen im Kreis auf dem Boden, das Schwungtuch ist straff gespannt. Die Beine liegen in Richtung Mitte. Dann halten alle das Tuch fest in beiden Händen und versuchen sich auf den Rücken zu legen. Anfangs ist das Rudern noch leicht, „dann aber wird das Tempo schneller und die Arme immer länger". Das Spiel wird erst dann beendet werden, wenn einige Kinder müde sind.

KROKODIL

Das Kind mit dem grünen Pulli darf unter das Schwungtuch, es ist das Krokodil. Alle Kinder sitzen wie beim „Rudern". Nun darf das Krokodil alle Kinder „ins Bein beißen", d.h. in die Wade kneifen. Gebissene Kinder sterben laut und theatralisch und verwandeln sich in Krokodile. Auch sie krabbeln unter das Tuch und beißen so lange, bis alle unter dem Tuch verschwunden sind.

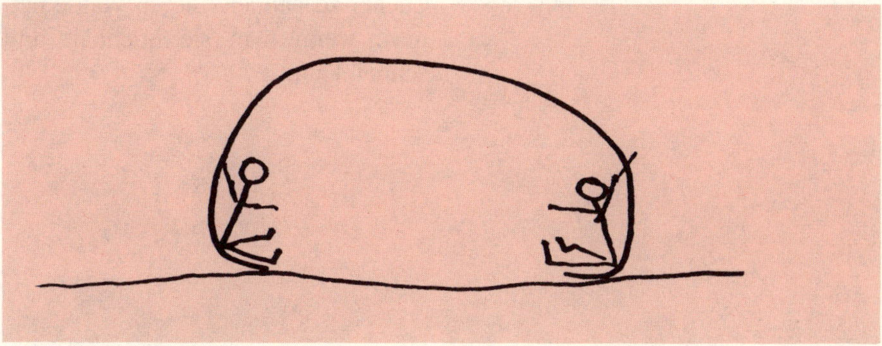

Spiele mit Tüchern

Wenn noch etwas Platz im Rucksack ist, sollten Sie sich einige Tücher (ca. 80 cm x 80 cm) einpacken.
Hier einige weitere Spielideen:

TRANSPORT

Vier Kinder fassen je einen Zipfel des Tuches an und spannen es straff. Darauf wird ein kleiner Ball (Tannenzapfen, fünf Kastanien o.ä.) gelegt und über eine Strecke transportiert. Eventuell Hindernisse einbauen.

TENNIS

Zwei Tücher werden gespannt und als „Tennisschläger“ benutzt. Als Ball, der hin- und hergespielt wird, ist ein Softtennisball brauchbar.

FAHNEN

An einem Ast geknüpft, werden Tücher zu Fahnen, die im Winde flattern, wenn man sie hochhält und schnell läuft.

Spiele im Gelände

Im Gelände finden sich immer wieder manche interessante Gegenstände.

Mit ihnen läßt sich vieles tun und unternehmen, wenn sie kreativ eingesetzt werden.

SCHÄTZE VERSTECKEN

Eine kleine Gruppe versteckt in einem vorgegebenen Gelände Gegenstände: Bügeleisen, Kochtopf, bunter Ball, Rollschuh, Kaffeekanne, usw. Alle anderen müssen dann suchen.

ZWEI ZWILLINGE

Zwei Kinder durchstöbern das Gelände und bringen zwei Gegenstände mit. Diese werden in einen großen Kreis gelegt. Nun suchen die Kinder sich andere Gegenstände aus. Bitte die Gegenstände genau ansehen und nun gleiche oder ähnliche Gegenstände im Gelände suchen und dazu legen.

SCHATZSUCHE

In einem passenden Gelände hat die Spielleitung zwei bis fünf Dosen mit ungeschälten Erdnüssen versteckt. Die Kinder bilden kleine Gruppen, die auf Schatzsuche gehen. Es sollte jede Kleingruppe einen Schatz finden.

WASSERTRANSPORT

Zwei Eimer stehen weit genug auseinander, dazwischen Buschwerk und andere geländebedingte Hindernisse. Ein Eimer ist mit Wasser gefüllt, alle Kinder haben einen kleinen Joghurtbecher o.ä. Sie müssen nun gemeinsam, ohne große Verluste, das Wasser in den anderen Eimer bringen.

Schwieriger wird es, wenn ein oder zwei Kinder als Störer benannt werden, die den Wassertransport verhindern sollen.

LÖFFELHINDERNISLAUF

Auf einem Eßlöffel wird ein Tischtennisball über eine Hindernisstrecke getragen.

KELLNERN

Mit einem Softtennisball oder einem kleinen Luftballon zwischen den Knien wird ein tiefer Teller, der mit Wasser gefüllt ist, eine abgesteckte Strecke transportiert.

WEITSPUCKEN

Drei Kirsch- oder Pflaumenkerne werden von einer Grundlinie möglichst weit gespuckt. Beim am weitesten gespuckten Kern wird ein Fähnchen eingesteckt.

Überraschungseier selbstgemacht

Überraschungseier selbstgemacht

Wer kennt es nicht, und wer liebt es nicht, das Überraschungsei!

Hier eine selbstgemachte Alternative. Filmdöschen bekommt man in Fotoläden geschenkt. Es gibt schwarze und durchsichtige Filmdosen, mit ihnen kann eine Reihe von Spielzeug hergestellt werden.

Filmdosen

Die folgenden Vorschläge sind nicht immer von Kindern herstellbar. Vielleicht ist das Filmdöschen in seinen Ausmaßen zu klein. Werktechniken müssen präzise und genau durchgeführt werden. Filmdöschen sind also für die Feinmotorik der Kleinkinder als Gestaltungsobjekt nicht immer geeignet. Als Spielzeug, als Ideenspender sind Filmdöschen sehr vielfältig.

Ideensammlung

Dieses kurze Kapitel will eine exemplarische Ideensammlung sein. Der eigenen Gestaltungskraft wird hoffentlich keine Grenzen gesetzt. Statt Filmdöschen können auch andere Gestaltungsgrundmaterialien genutzt werden.

Beispiele

Wäscheklammern,
Pfeifenputzer,
Eierkartons,
Luftballons,
Zeitungen,
Babynahrungsgläschen,
Bierdeckel,
Kastanien,
Joghurtbecher usw.

MEMORY

Wenigstens 20 Filmdöschen werden mit interessanten Materialien gefüllt. Es sind immer Paare (z.B. Nüsse, Murmeln, Würfel, Ringe, Figuren, Sterne, Federn, Bonbons, Steine, usw.). Zwei Dosen darf man sich nehmen und hineinschauen. Wer ein Pärchen gefunden hat, darf den Inhalt behalten.

Varianten:

- ☐ Geruchsmemory: Döschen gefüllt mit Watte und riechenden Ölen
- ☐ Gehörmemory: Dosen gefüllt mit Materialien, die Geräusche machen.

FANGBECHER

Sieben Filmdöschen werden mit Klebeband zusammengeklebt. Ein Faden (ca. 20 cm) wird durch ein Loch im mittleren Döschen befestigt. Am Ende wird eine Perle gebunden. Mit dem Becher muß man die Perle fangen, es klappt oft.

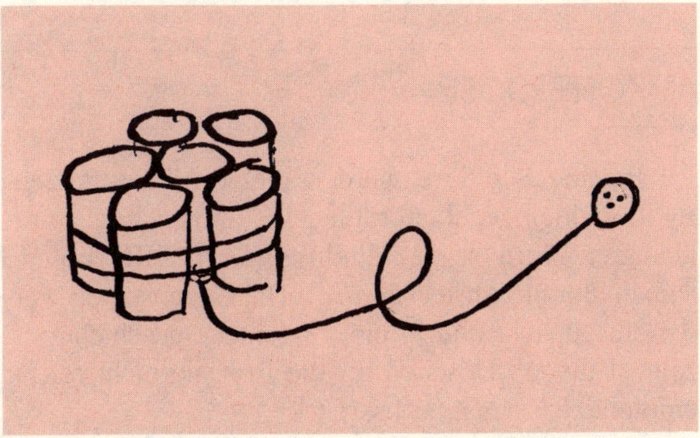

PURZELDOSE

In eine Filmdose wird eine dicke Glasmurmel gesteckt, der Deckel wird zugeklebt. Nun wird die Filmdose mit Filzstoff verkleidet (Zwerg, Pinguin, Bär u.ä.), fertig ist die Purzeldose. Legt man sie auf ein schräges Brett, das auch mit Filz bezogen ist, purzelt sie kopfüber hinunter.

KOFFERDOSE

In eine Filmdose werden einige Miniaturgegenstände hineingegeben (Spiegel, Zahnstocher, Büroklammer, Murmel, Minifilmdose, Zahn, Kaffeebohne, Samen, Sterne, Anstecker, u.ä.). Die Gegenstände werden ausgepackt und in einer Abenteuergeschichte erzählt. Falls ein Döschen für die Fantasie nicht reicht, empfehle ich einen Sechserpack.

DOSENANGELN

Die Filmdosen sind mit „Schätzen“ gefüllt. Ein Pfennigstück ist auf den Boden geklebt. Mit einer Magnetangel können sie geangelt werden.

DOSENFISCHEN

In einer Wasserschüssel schwimmt ein Filmdöschen. Mit Löffel oder Ga-bel müssen die Kinder die Dose herausfischen.

DOSENRENNEN

Zwei Dosen werden vorher sorgfältig präpariert. In einer ist eine dicke Flüssigkeit (Lack o.ä.), in der anderen getrockneter Gips. Beide Dosen sind gleich schwer und gut verschlossen.

Wenn wir die Dosen auf einer Schräge herrunter rollen, wird die Gipsdose immer schneller sein. Ein gekochtes Ei dreht sich auch langsamer als ein rohes. Die Flüssigkeit verbraucht am Dosenrand Reibungsenergie.

FILMDOSEN-FLOSS

Aus Filmdosen und Paketklebeband kann man gut ein Floß kleben. Die Masten werden aus Trinkhalmen, die Segel aus Folie gestaltet.

LABYRINTH

Auf einem Schuhkartondeckel werden aus Pappe und Filmdosen Wege geklebt. Eine große Murmel wird nun vom Start zum Ziel bewegt. Der Deckel darf mit zwei Händen gehalten werden.

Spiele, die stark machen

Spiele, die stark machen

Keine Muskeln

Die folgenden Spiele machen nicht unbedingt die Muskeln stark.

Selbstvertrauen

Stark sein heißt hier, sich selbst etwas zutrauen, einen eigenen Standpunkt finden, Selbstvertrauen entwickeln, die eigenen Gefühle zeigen, sich zu beherrschen lernen, sicher werden.

Viele Spiele aus Teil 2 und Teil 3 sind hier auch gut einsetzbar.

FEUERWEHRWÜRFEL

Alle Kinder sitzen im Kreis. Sarah hat einen großen Würfel (aus Schaumstoff). Sie würfelt und ruft laut die Zahl, die oben liegt.

Bei einer **„1“** heben alle ein Bein.
Bei einer **„2“** alle zwei Beine.
Bei einer **„3“** heben alle zwei Beine, einen Arm.
Bei einer **„4“** heben alle zwei Beine und zwei Arme.
Bei einer **„5“** heben alle beide Beine und Arme und strecken die Zunge in die Luft.
Bei einer **„6“** stehen alle auf und jedes Kind ist ein Feuerwehrauto.

POMMES

Sarah mag gerne Pommes, deswegen spielen wir zu Anfang das Pommesspiel. Alle sitzen im Kreis und ein Erwachsener stellt Fragen, auch Sarah oder andere Kinder dürfen Fragen stellen. Alle Kinder rufen als Antwort so laut es geht: „Pommes“!

Was ißt Sarah am liebsten?
Womit putzen wir uns die Zähne?
Was hat Sarah in der Badewanne?
Was schwimmt bei Fischen im Teich?
Womit löffelt Sarah ihr Eis?
Was sind die schönsten Bausteine?
usw. …

ÜBERRASCHUNGSKNÄUEL

Alle sitzen im Kreis. Der erste hält den Anfang des Wollknäuels fest und gibt das Knäuel nach rechts weiter. Jeder hält das Garn fest. Fällt ein Überraschungsteilchen heraus, so darf der es behalten, bei dem das Knäuel sich gerade befindet.

Material: Wollknäuel, in das kleine Überraschungen eingewickelt werden (z.B. kleine Holztiere, Anhänger, Bonbons u.ä.)

SARAHS KIRMES

Sarah teilt alle Kinder in mehrere Gruppen auf (ca. 3–4 Kinder pro Gruppe). Nun erzählt der Erwachsene den Kindern eine Geschichte vom Besuch auf der Kirmes. Wenn eine Tröte ertönt, müssen alle Kindergruppen recht schnell das Wort darstellen, welches nach dem Tröten folgt: Karussell, Schiffschaukel, Autoscooter, Losbude, Eisverkäufer, Raupe, Achterbahn, Glücksrad, Blumenverkäufer, Ponyreiten usw.

Natürlich sollten auch alle Töne mitgespielt werden.

TÜRMCHEN

Mit Bauklötzen wird ein möglichst hoher Turm gebaut, jedes Kind legt reihum immer einen Stein auf.

WUNSCHWUNDERKERZE

Eine Wunderkerze wird angezündet und reihum gereicht. Jede(r) darf sich laut etwas wünschen. Alle sollten einmal die Wunderkerze in der Hand gehabt haben. Bei der nächsten Runde sagt ihr etwas Nettes zu eurem Nachbarn, dem ihr die Wunderkerze weitergebt.

HINDERNISSE IM DUNKELN

Ihr hängt aufgeblasene Luftballons in Kopfhöhe an einer Schnur quer durch den Raum. Im Dunkeln könnt ihr darunter herlaufen, die Ballons mit Händen und Köpfen stubsen etc.

☐ *So geht es auch:* Ihr hängt mehrere Schnüre mit vielen Ballons auf, die man zunächst *nicht* berühren darf.

LICHTER-INSEL

Auf einem Tablett habt ihr viele Teelichter aufgestellt. Ein Erwachsener erzählt eine Geschichte, in der die Namen der Mitspieler vorkommen. Jedesmal, wenn ein Name fällt, darf dieses Kind ein Teelicht auspusten. Wer die letzte Kerze ausgepustet hat, beginnt wieder eine neue Geschichte …

GEISTERBAHN

Ihr spannt einen Faden quer durch den Raum; an ihm werden verschiedene Gegenstände aufgehängt. Nun könnt ihr mit geschlossenen Augen am Faden entlanggehen und fühlen, riechen, vielleicht auch einmal raten. Gut ist es, wenn jemand dazu eine spannende Geschichte erzählt.

☐ *Material:* ein fester Faden, verschiedene besonders riechende, sich absonderlich anfühlende Gegenstände (z.B. stachelige Kastanie, Seife, Schwamm, Rinde, Küchensieb, Zitrone, Knoblauch, Rose, Fell, Bienenwachs usw.)

„OH"

Kind 1: Oh, hier tut's mir so weh! (Zeigt auf sein Auge.)
Erw.: Hier hast Du Augentropfen.
Kind 2: Oh, hier tut's mir so weh! (…)
Erw.: Hier hast Du Armsalbe.
usw.

HAND MALEN

Eine Hand wird auf ein Papier gelegt, der Umriß nachgezeichnet, angemalt, evtl. mit Hilfe ausgeschnitten.

Variante: Andere Körperteile oder ganze Körper aufzeichnen und ausmalen.

VORMACHEN

Ein Kind: Mich hat eine Biene gestochen!
Alle: Wo denn?
Ein Kind: Ins rechte Knie!
Alle: Oh, ins rechte Knie!
(Alle kratzen sich)
… usw., usw., die Kinder wechseln immer.

NAMEN RUFEN

Alle sitzen im Kreis, ein Stuhl ist frei. Der Spielleiter sagt leise einen Namen, dieses Kind geht nun schnell und leise zum freien Platz.

☐ *Variante:* Das Kind bewegt sich als Pinguin, als Kaninchen usw.

MUTPROBEN

☐ Der Erwachsene spritzt mit dem Schlauch einen Wasserbogen, darunter hindurchlaufen (nie auf Kinder plötzlich zielen).
☐ In einen spritzenden Schlauch hinein springen.
☐ In eine Pfütze springen.
☐ Über ein Brett balancieren.

Gewußt wie

Gewußt wie

Ungewöhnliche Kleinigkeiten machen vieles im Leben der Kinder aufregender, interessanter. Um die Welt zu entdecken, braucht man Übungsfelder, Künstliches, Modellhaftes, also gestaltete Wirklichkeit.

Übungsfelder

Wir Erwachsenen haben dafür verschiedene Worte: Spielzeug, Kunst, Fummelkram, Tricks.

Was Sie hier an Vorschlägen finden, ist ein Sammelsurium von Spielereien, die modellhaft von der Wirklichkeit Zeugnis geben. Der ästhetische Aspekt ist allerdings nicht zentral zu sehen. Sicherlich sollen die Dinge auch „schön" sein, in erster Linie aber zu handelnder Auseinandersetzung mit der Welt anregen. Kinder brauchen nicht rein Dekoratives, sondern eher „Handfestes".

Was Handfestes

Deswegen sind auch nicht alle Dinge von Kindern selbst herstellbar. Handfest heißt oft: in einer Werktechnik gefertigt, die kleine Kinder noch nicht beherrschen (z.B. Holz, Metall, Kunststoffe).

Falls bei Ihnen der Werkunterricht mit der Laubsäge beendet wurde, weichen Sie bitte nicht zu oft auf das Gestaltungsmaterial Papier und Pappe aus, sondern wagen Sie sich an andere Materialien heran. Es gibt viele fachkundige und hilfreiche Personen, sprechen Sie mit ihnen!

Neue Materialien

HÄUSCHEN

Ein alter Tisch wird zu einem Häuschen umgestaltet. Um die Tischbeine herum werden dünne Sperrholzbretter oder Paneele angebracht (Schrauben oder Nägel).

Ein eingefaßtes Türloch mit Vorhang darf nicht fehlen. Auf der Tischplatte wird mit Dachlatten und Brettern ein Spitzdach konstruiert, die Giebelseiten bleiben offen. Alles wird sorgfältig entgratet, Kanten werden abgerundet. Einige kleine Löcher bohren, man kann dadurch herausgucken aber nicht hineinsehen. Eventuell auch Türspione anbringen. Das Haus wird geschliffen, farblich gebeizt und lackiert.

Der Tisch sollte so groß sein, daß wenigstens zwei Kinder ins Häuschen hineinpassen. Ebenfalls sollte es nur so groß und schwer sein, daß zwei Erwachsene es durch die Raumtür tragen können. An diesem Grundmodell können nun außen zusätzliche „Wandspiele“ angebracht werden, zum Beispiel:

BILDHÄUSCHEN

Etwa postkartengroße Brettchen werden mit Scharnieren (z.B. Klavierband) an die Wände oder an das Dach geschraubt. Unter diesen Brettchen sind verschiedene Bilder und Fotos versteckt. Durch verschiedene kleine Löcher kann man schon einen kleinen Teil des Bildes erkennen.

Statt einer einfachen Klappvorrichtung können auch kleine Türen angebracht werden, die mit verschiedenen Schlössern und Schlüsseln versehen sind. Statt einem Bild gelegentlich einen kleinen Spiegel anbringen.

WEBHÄUSCHEN

Aus Latten und Maschendraht werden Webrahmen gestaltet, die an das Haus geschraubt werden. Ein Korb mit textilen Webmaterialien steht daneben. Manche Rahmen sind mit Kettfäden versehen, so können die gewebten Produkte auch abgenommen werden.

DREHHÄUSCHEN

Alles was drehbar ist, wird angebracht, z.B.:

- ☐ verschieden bemalte Garn- und Papierrollen mit Halterung
- ☐ drehbare Scheiben (z.B. alte Schallplatten, lackiert)
- ☐ verschiedene Drehvorrichtungen aus dem Sanitär- und Heizungsbereich
- ☐ verschiedene Räder mit Lagerungen usw.

LICHTHÄUSCHEN

Batteriebetriebene Lämpchen können mit verschiedensten Schaltern an- und ausgestellt werden.
Farbige Fenster, Spiegel einbauen

Weitere Häuschen als Gestaltungsaufgabe:

- ☐ Kugelhaus (unterschiedliche Kugelbahnen anbringen)
- ☐ Fühlhaus (Tastwände, Tastlöcher mit zu fühlenden Säckchen)
- ☐ Tonhaus (manuelle und elektronische Geräuschgeräte anbringen)
- ☐ Museum (ringsherum kleine Regale für Kunstwerke und Schaukästen anbringen).

SPRINGBÄLLE

Wir brauchen einen kleinen und einen großen Vollgummiball (Flummi). Mit einem gekauten Kaugummi kleben wir sie zusammen. Wenn beide Bälle, den größeren zuerst, auf den Boden fallen lassen, springt der kleine sehr hoch in die Luft.

Der größere Ball gibt seine Bewegungsenergie an den kleineren Ball ab.

PACKPAPIER-KOCHTOPF

Aus Packpapier wird eine Schale geformt. Mit einem Draht wird ein Ständer geformt, der die Schale trägt. Es wird etwas Wasser in die Papierschale geschüttet. Unter der Schale ein Teelicht anzünden. Das Wasser wird heiß und das Papier wird nicht brennen.

Wasser leitet Wärme gut, Papier nicht so gut.

■ REGENMASCHINE

Eine längere Pappröhre (ca. 80 bis 150 cm, 4–8 cm Durchmesser) mit dicker Wandung wird benötigt. (Folien oder Foliendecken werden auf solche Rollen aufgewickelt.)

Spiralförmig werden Punkte auf die Außenwand mit ca. 1 cm Abstand markiert. Dann werden kleine, passende Löcher mit der Bohrmaschine gebohrt. In diese Löcher werden Holzschrauben eingeschraubt, so daß sie wohl mit der Spitze in die gegenüberliegende Röhrenwand eindringen, aber nicht herauskommen. In der Röhre entsteht so etwas wie eine Wendeltreppe.

Eine Seite des Rohrs wird mit einem Deckel verschlossen, dann wird etwas körniges Material eingefüllt (z.B. Reis, Granulat, Kies, Erbsen, kleine Metallkugeln, usw.). Mit einem zweiten Deckel wird das Rohr verschlossen und von außen mit Folien farbig beklebt.

Unterschiedliche Füllungen ergeben verschiedene Geräusche. Statt Schrauben können auch dünne Holzstäbchen verwandt werden, beim Einschieben werden sie verklebt.

■ FUSSFÜHLSTRECKE

Es werden eine Reihe von flachen Plastikwannen gesammelt. Sie werden hintereinander aufgestellt und jeweils mit verschiedenen Materialien gefüllt: Sand, Kies, Blätter, Gras, Erde, Torf, Moos, Tonklümpchen, Gummiringe, Holzwolle, Kastanien, Kork, Watte, usw. Mit verbundenen Augen müssen die Kinder erraten, was ihre Füße fühlen.

☐ *Variante:*
Sehr verschiedene Teppichfliesen benutzen.

TROCKENDUSCHE

Das Prinzip: Folienstreifen, Stoffstreifen, Sisal, Bambushölzer oder anderes Material werden zu Vorhängen zusammengebunden oder geklebt. Die Aufhängungen werden so gestaltet, daß auch mehrere Vorhänge hintereinander angeordnet sind. Die Trockenduschen werden so aufgehängt, daß ihr Ende knapp über dem Boden hängt.

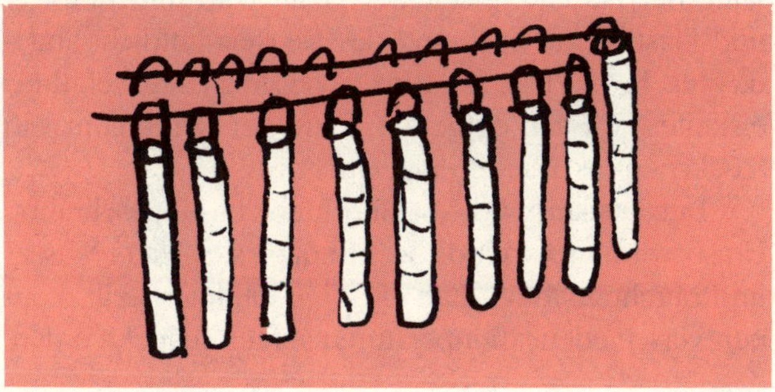

Bambus

LUFTBALLONLIEGEMATRATZE

Eine besonders große Mülltüte wird mit einer Lage nicht sehr prall aufgeblasenen Luftballons gefüllt. Die Sacköffnung wird mit Packklebeband sorgfältig zugeklebt. Eine Variante wäre ein Bettbezug.

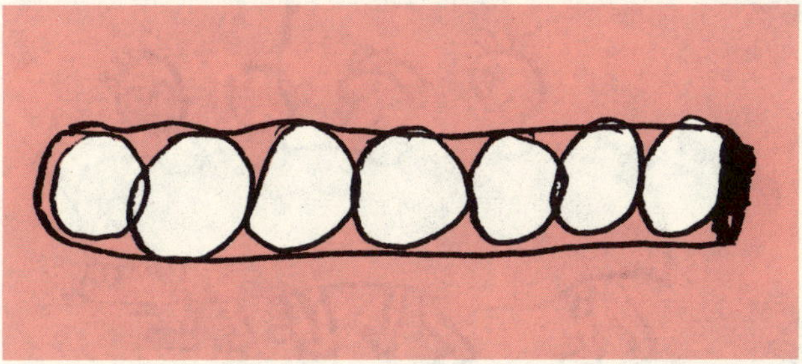

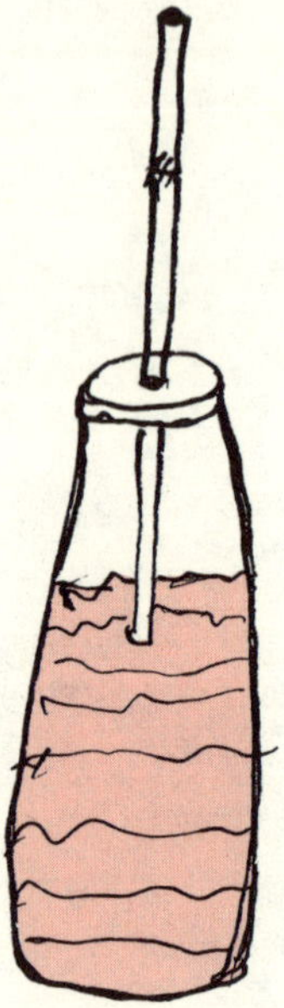

THERMOMETER

Eine Milchflasche mit dichtem Schraubdeckel und zwei durchsichtige, dünne Trinkhalme braucht man, um ein Thermometer zu bauen. Mit einem dicken Nagel wird ein Loch in den Deckel geschlagen, der Halm muß gerade hindurchpassen. Die zwei Trinkhalme werden mit Tesafilm zusammengeklebt. Der Halm wird so in den Deckel gesteckt, daß er etwa bis in die Mitte der Flasche reicht. Der Halm wird mit Klebstoff und Plastilin am Lochrand des Deckels luftdicht abgedichtet. In die Flasche wird soviel mit Tinte gefärbtes eiskaltes Wasser eingefüllt, daß der Trinkhalm ein Stückchen ins Wasser eingetaucht ist.

Der Deckel wird fest und luftdicht aufgeschraubt. Umso wärmer es wird, desto höher steigt das Wasser im Röhrchen. Wenn man ein Brett dahinter stellt, können verschiedene Temperaturen aufgezeichnet werden.

DRACHE

In ein Bettlaken oder eine große Tischdecke werden hintereinander vier Löcher geschnitten, die Kinder sollten mit ihren Köpfen gut hindurchpassen. Falls das Tuch zu groß ist, doppelt nähen. Mit Stoffmalfarbe kann der Drache bemalt werden.

BAUSTEINE

Leichte, große Bausteine für den Bewegungsraum werden so hergestellt:

Benötigt werden Styroporklötze (ca. 50 cm x 50 cm x 80 cm und 50 cm x 50 cm x 60 cm). Sie können aus Styroporplatten (Baumarkt) zusammengeklebt werden. Achtung, wegen ungesunder Verdunstungen bitte nur unter freiem Himmel kleben.

Wer Verpackungskisten aus Styropor für besonders schwere Gegenstände organisieren kann, hat einen Arbeitsgang gespart (Zierfischtransportkisten, Maschinenteile, usw.). Die Hohlräume werden mit Holzwolle oder Styroporresten aufgefüllt. Die Kiste wird zugeklebt.

Jede Seite des Bausteins wird nun mit Teppichbodenresten beklebt, dabei möglichst auf verschiedene Strukturen und Farben achten. Zum Schluß werden *alle* Kanten mit Gewebeklebeband (5 cm) abgeklebt (wichtig). Fertig ist der Baustein! In einem Bewegungsraum gehören etwa 10–20 Bausteine.

SCHLÄUCHE

LKW- oder Landmaschinenschläuche sind ideale Bewegungsanreger. Das lange Ventil wird mit einem langen Messer (Skalpell) herausgeschnitten und ein Ballventil auf das entstandene Loch vulkanisiert (Reifenhändler). Wenn Kinder unter drei Jahren öfters mitspielen, kann man einigen Schläuchen aus alten Laken einen engen Bezug nähen.

Pro Bewegungsraum sind fünf bis zehn LKW-Schläuche sinnvoll. Sie gibt es immer seltener, in Landmaschinenreparaturwerkstätten findet man sie aber noch.

DRAINAGEROHR

Ein weiteres Spielzeug zur Bewegungsaktivierung ist das Drainagerohr. In Baumärkten und auf Baustellen findet man es häufig. Die scharfkantigen Enden der Rohre werden glattgefeilt und mit Isolierband abgeklebt. Durch das Rohr können Tennisbälle rollen. Besser sind Plastikbocciakugeln, sie machen ein interessantes Geräusch.

KUGELROHR

Ähnlich gearbeitet wie Drainagerohre sind Schläuche von ca. 25 cm Durchmesser, die Kabel- oder Wasserrohre ummanteln (Baumarkt). Diese Schläuche eignen sich besonders gut zur Herstellung längerer Kugelbahnen. (Treppenhäuser, zweite Ebene).

ECHO

Ein eigenes Echo im Garten ist ein leicht zu erfüllender Traum. In eine alte Holzkiste wird Beton gegossen, ein großer Blumentopf dient als Form für ein Loch. Wenn der Beton abgebunden ist, kann der Topf herausgeschlagen werden. Der entstandene Hohlraum sollte mit einem kleinen Hammer geglättet werden.

Dann den Kopf hineinhalten, die Augen schließen und bei geschlossenem Mund summen. Töne variieren.

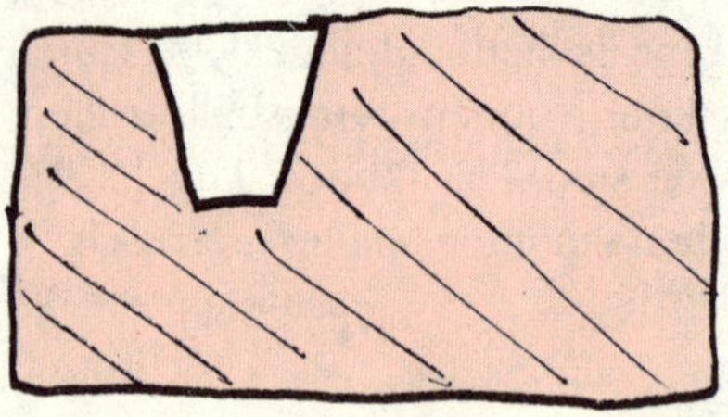

HÖRORGEL

In Papierröhren (ca. 1–3 m lang) mit verschiedenen Durchmessern werden Ösen hineingedreht. Dann muß man sie frei beweglich aufhängen, dies kostet relativ viel Platz.

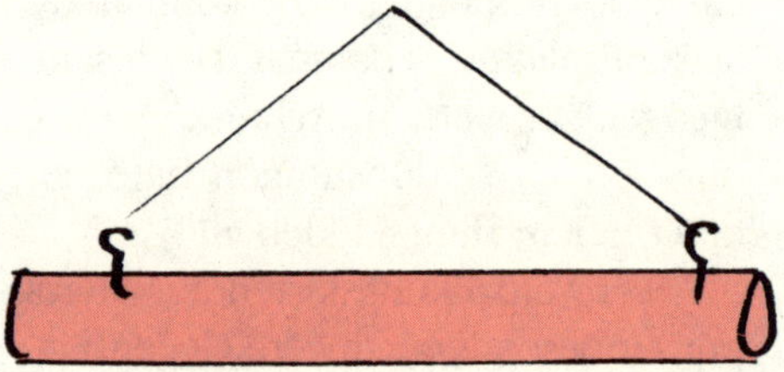

Jedes Rohr fängt Schallwellen aus der Umgebung ein (Resonanz). Je nach dem Rauminhalt der Röhre sind andere Schwingungsbereiche (Frequenzen) zu hören.

Es sollten schon fünf bis zehn verschiedene Röhren aufgehängt werden, damit man vergleichen kann.

SPIEGLEIN, SPIEGLEIN

Wenn man sich mit einem kleinen Handspiegel vor einen großen Spiegel stellt und über den Rand des kleinen in den großen Spiegel blickt, werden viele Spiegelungen zu sehen sein. Man muß einen günstigen Winkel ausprobieren.

FILTER

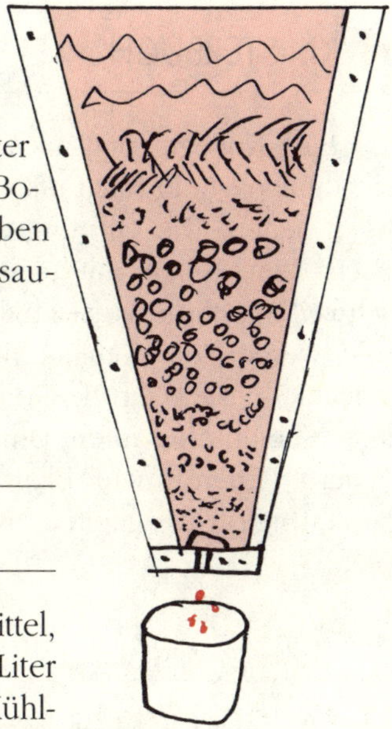

Aus Dachlatten und Plexiglas wird ein Trichter hergestellt. Den Trichter mit verschiedenen Lagen Bodenmaterial füllen: Steine, Kies, Erde, Sand. Oben schmutziges Wasser hineingießen, unten kommt sauberes heraus.

RIESENSEIFENBLASEN

Hier die Grundmischung: Eine Flasche Spülmittel, zwei Eßlöffel Tapetenkleister, 500 g Zucker, ein Liter Wasser. Alles mischen und 24 Stunden in einen Kühlschrank stellen. Danach mit ca. acht Litern kaltem Wasser mischen. Die Lösung immer sehr kühl lagern.

Aus isoliertem dicken Draht verschiedene Formen bilden, eintauchen und herausziehen.

KNISTERBUCH

Eine Kollegmappe mit zehn Klarsichthüllen ist ein Buch mit durchsichtigen Seiten. Die Öffnungen werden nach dem Füllen mit einer Folienschweißmaschine zugeschweißt. Gefüllt werden die Klarsichthüllen mit verschiedensten farblich, taklil oder akustisch interessanten Dingen z.B.: Federn, Perlen, Knete, Blätter, Granulat, farbige Flüssigkeiten, Knisterpapier.

SAUGGLOCKEN

Zwei Gummisaugglocken (Sanitärbedarf) werden an den Rändern befeuchtet und zusammengedrückt. Sie lassen sich auch nicht unter großem Kraftaufwand auseinanderziehen, ein Raum mit Unterdruck ist entstanden (Vakuum). Die Außenluft preßt die Saugglocke zusammen.

KLANGKARUSSELL

An einem alten Vorderrad eines Fahrrades, das über Kopfhöhe von der Decke hängt, werden verschiedenste klingende Gegenstände gehängt (Metallröhrchen, Glöckchen, Ringe, Nägel, kleine Dosen, Aluförmchen, usw.). Mit einem Holzstab kann man es drehen. Die Kinder sollten dazu auf eine Leiter oder Treppe steigen. Bestimmte Zeiten werden festgelegt.

RÄTSELBÄLLE

Verschiedenste Bälle werden vorsichtig halbiert (mit Säge oder scharfem Messer). Die Bälle nun mit den verschiedensten Materialien füllen (z.B. Glöckchen, Gips, Eisenkugeln, Flüssigkeiten, Dinge – die Geräusche machen, usw.). Die beiden Ballhälften werden mit einem Kontaktkleber zusammengeklebt. Eventuell mit anderem Klebstoff noch abdichten.

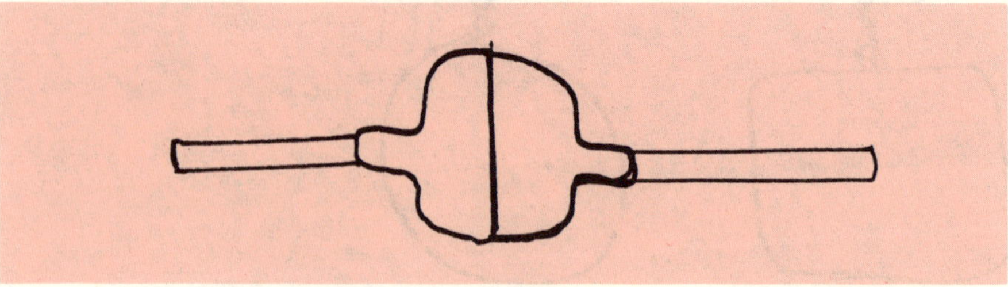

Wir sind Kinder einer Erde

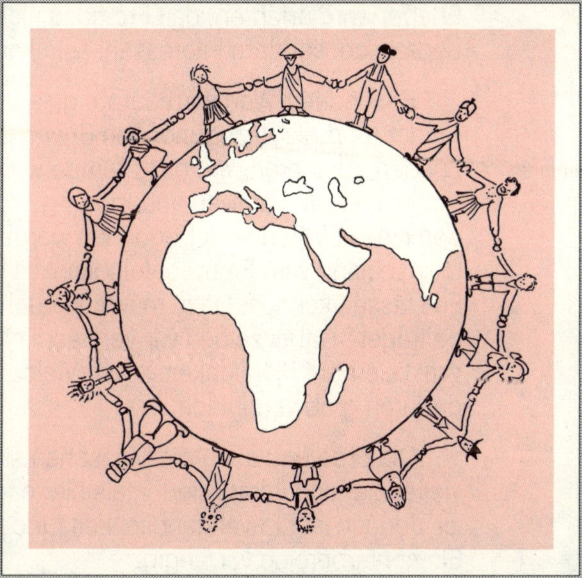

Gleich gültig – nicht gleichgültig

Andere Länder, andere Sitten und Gebräuche! Dieses Kapitel will zeigen, wie im Leben auch jüngerer Kinder die Verschiedenheit der Kulturen eine Bedeutung haben kann.

Durch Ausprobieren, durch gemeinsames Erleben wird erfahren, daß Fremdes nicht bedrohlich, sondern interessant sein kann.

Fremdes probieren

Besonderer Wert wird darauf gelegt, daß die Kinder (und die dazugehörigen Erwachsenen) erleben, probieren, wie das Fremde wohl „schmeckt". In Familien und Kindergärten kann damit nicht früh genug begonnen werden. Bei uns in Deutschland wird Fremdenfeindlichkeit nicht überall Fuß fassen können. Dazu möchten auch wir beitragen. Dabei zeigen wir verständliche, leicht praktizierbare Möglichkeiten auf. Vieles wirkt dadurch grob vereinfacht.

Die Erde und auch die Menschen sind sicherlich vielfältiger und komplizierter, als hier nachzulesen ist. Jedoch ist die Verständlichkeit für den Elementarbereich vorrangig.

Kulturen verbinden

Für ein friedvolles miteinander Umgehen ist die Auseinandersetzung mit anderen Kulturen eine Voraussetzung. Die anderen, fremden Menschen und Kulturen genießen bei uns Achtung und Anerkennung. Wir möchten etwas von ihnen erfahren und lernen. Einiges davon wird hier nachzulesen sein.

Neben den Rollenspielen (Gsella u.a. „Wir fallen aus der Rolle“ Rollenspielkarten siehe Literaturverzeichnis Teil 9, Seite 85) gibt es auch viele Kinderspiele, die geeignet sind kulturverbindendes Verhalten anzuregen und zu fördern. Es geht da im einzelnen um:

- ☐ das eigene Selbstwertgefühl, Selbstvertrauen zu stärken – besonders auf den Hintergrund der eigenen Kultur (z.B. Ich spreche deutsch)
- ☐ Kenntnisse über andere Kulturen in ersten Ansätzen erwerben (z.B. In Afrika wohnen auch schwarze Menschen)
- ☐ Neugierde auf das Fremde wecken (z.B. Was essen die Menschen in anderen Kulturen?)
- ☐ In Ansätzen Sensibilität für die Gemeinsamkeiten und die Unterschiede wecken (z.B. Wo sind wir gleich, wo sind wir anders?)

INTERNATIONAL SPIELEN

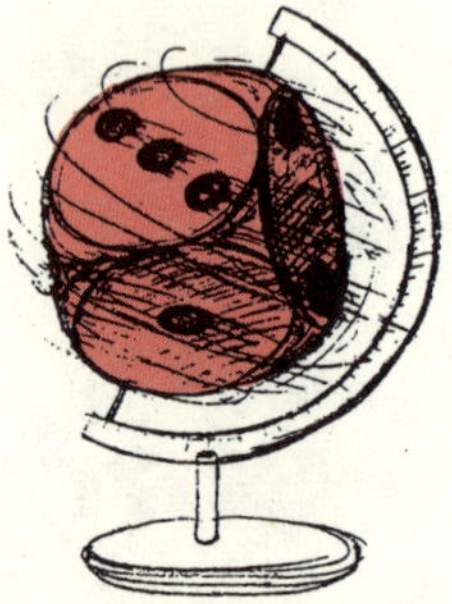

Um den Gedanken der internationalen Verständigung, des internationalen Zusammenlebens zu unterstützen, gibt es mehrere Möglichkeiten Spiele auszuwählen:

- ☐ Spiele aus anderen Ländern
- ☐ Spiele über andere Länder
- ☐ Spiele zur Förderung der Wahrnehmung und Sensibilität der Selbständigkeit und des Selbstvertrauens. (siehe Teil 2, 3 und 6)
- ☐ Spiele, die Kinder verschiedener Kulturen und Sprachen miteinander spielen können.

AUS ANDEREN LÄNDERN

Wenn man sich die Spiele aus anderen Ländern genauer betrachtet, dann wird man häufig feststellen, daß die Unterschiede zu den hier bekannten Spielen nicht sehr groß sind. Oft sind es andere Geschichten und Namen, oft andere Materialien mit denen gespielt wird. So gesehen ist Spielen international.

SPIELZEUG IN AFRIKA

Überall in der Welt kennen Kinder Spiele und Spielzeug. Manche Spiele werden Euch bekannt vorkommen, andere habe ich hier noch nie gesehen. Afrikanische Kinder basteln ihr Spielzeug oft selber, sie haben nicht so viel Geld, sich Spielzeug zu kaufen. Das Selbermachen hat einige Vorteile, Du brauchst nicht solange darauf warten, bis Du etwas geschenkt bekommst, und wenn etwas kaputt geht, gibt es keinen Ärger.

DAS REIFENSPIEL

So stellst Du einen Reifen her:
Eine biegsame Rute (Zweig) von 2,50 m Länge schneiden. Dazu brauchst Du Zweige vom Weidenbaum oder Haselnußstrauch. Daraus kannst Du einen Reifen von 80 cm Durchmesser biegen. Auf der Zeichnung 1 erkennst Du, wie du die beiden Enden der Rute zusammenbinden kannst.

So wird der Führungsstab gemacht:
Für den Führungsstab brauchst Du eine frisch geschnittene Rute von 1,50 m Länge, genau in der Mitte machst Du eine ganz kleine Kerbe, 10 cm von der Mitte aus knickst Du nun die Rute jeweils einmal (siehe Zeichnung 2). Auf der Zeichnung 3 siehst Du, wie der Mittelteil der Rute (20 cm) durch mehrmaliges Knicken zu einem „U" geformt wird. Die Zeichnung 4 zeigt den fertigen Führungsstab, in der Rundung wird der Reifen geführt.

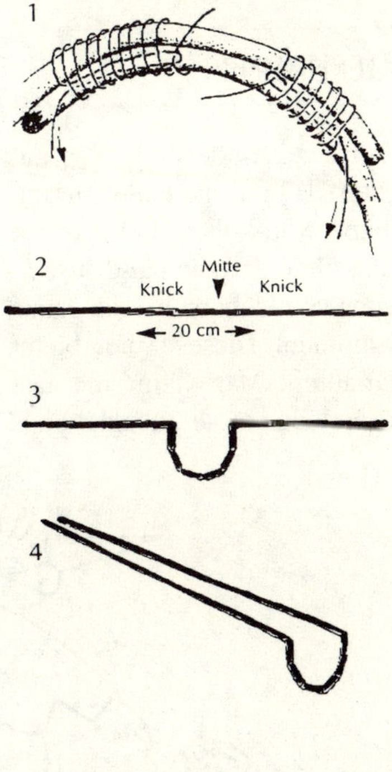

BUMP

Ein Tanz, der bei Kindern in Kenia besonders beliebt ist, ist der „Bump“. Das ist eigentlich kein echter afrikanischer Tanz, aber die Kinder mögen ihn einfach. Beim „Bump“ stoßen die Tänzer einander regelmäßig sachte mit den Schultern und dem Hinterteil an.

KULLERHAUFEN

Immer zwei Kinder liegen so auf dem Boden, daß nur die Füße „zusammenkleben“. Nun kullern beide durch den Raum, ohne daß die Füße auseinandergehen. Sie kleben also die ganze Zeit zusammen. Dieses Spiel bietet viele Varianten. Man kann mit fast allen Körperteilen zusammenkleben.

STORCH UND FROSCH

Tommy ist der Storch, alle anderen sind die Frösche. Ein Kind trägt eine Trommel. Der Storch steht auf der Stelle und darf mit den Füßen seinen Platz nicht verlassen. Alle Frösche hüpfen durch den Raum und quaken dabei. Jeder Frosch, der vom Storch erwischt (berührt) wird, verwandelt sich auch in einen Storch, der wiederum Frösche fangen kann. Manchmal schlägt ein Kind auf eine Trommel, dann müssen alle Frösche ruhig sitzen bleiben. Nur der Storch (die Störche) dürfen sich dann zwei Schritte bewegen. Erwischen sie dabei einen Frosch, wird der auch zum Storch. Das Spiel ist dann zu Ende, wenn es keine Frösche mehr gibt.

AUSWEICHEN

Viele Kinder können mitspielen, sie brauchen einen weichen Gummiball. Alle stellen sich in einen großen Kreis, ein Kind in die Mitte. Die Kinder, die im Kreis stehen, werfen sich den Ball zu und versuchen dabei, das Kind in der Mitte zu treffen. Wer den Mittelspieler trifft, darf selbst in die Mitte. Es kommt dabei darauf an, möglichst lange in der Mitte zu bleiben.

KLATSCHBALL

Es wird eine Linie gezogen. Zwei Gruppen stellen sich jeweils 2 m von der Linie entfernt auf. Jeder Spieler hat ein Gegenüber. Nun wirft man sich der Reihe nach den Ball zu. Jedesmal, wenn ein Kind wirft, klatschen die anderen in die Hände. Sobald der Ball gefangen wird, stampfen alle mit dem Fuß auf. Wenn man das oft spielt, bekommt man richtig Spaß am Rhythmus.

STÖCKCHEN

Alle Kinder stehen im Kreis mit dem Gesicht nach außen. Ein Kind geht nun mit einem Stöckchen in der Hand um den Kreis herum und wirft den Stock in den Kreis. Alle drehen sich schnell um. Das Kind, vor dem das Stöckchen liegt, hebt es schnell auf und läuft hinter dem Werfer her. Wird der Werfer gefangen, bevor er in die Lücke treten kann, bekommt er das Stöckchen zurück, ansonsten ist der Fänger der neue Werfer.

BLINDE KRÄHE

Alle Kinder stehen im Kreis. Ein Kind ist die blinde Krähe und steht mit verschlossenen Augen im Kreis (Du kannst auch mit einem Tuch die Augen verbinden). Die Krähe flattert mit den Flügeln und läuft im Kreis umher. Die anderen Kinder wechseln ihre Plätze. Wer von der Krähe mit den Flügeln berührt wird, verwandelt sich statt ihrer in die blinde Krähe.

Spiele über andere Länder

Dies sind also keine „Originalspiele“ aus fremden Ländern, sie wollen aber spielerisch mit fremden Kulturen vertraut machen. Viele Spiele können mit neuen Themen und Inhalten versehen, fremde Kulturen näherbringen. Sehr nützlich ist es, sie zu einer Spielkette zusammenzufügen. Die dazu erzählte Geschichte (roter Faden) trägt dann viele Informationen über die Inhalte.

Begrüßungsreise

Eine kleine Spielkette für 5–25 Kinder. Alle lagern sich ums Schiff. Wir fahren übers Meer. Verschiedene Wetterlagen begleiten uns: Sturm, Windstille (Rudern), prasselnder Regen, Hitze usw. Die Seefahrt sollte recht abwechslungsreich erzählt werden, gemeinsam wird auf die Witterung reagiert.

Musik kann unsere Reise begleiten, passend zu den Ländern oder die Ouvertüre von Per Gynt. (Edward Grieg). Wenn wir ein Land besuchen, stellen wir uns alle in den Kreis. Hier einige Stationen.

Afrika:

Erst die Hand schütteln, dann die Finger zu einer Kralle formen und dann sich verhaken.

Libanon:

Unsere rechte Hand führen wir nacheinander an die Stirn, unseren Mund und dann an die Brust, dann den Arm seitlich ausladend nach hinten führen, „salam“ sagen und verbeugen.

Indien:

Wir falten die Hände zur indischen Grußhaltung, verbeugen uns leicht und sagen „namaste" (letzte Silbe betonen).

Japan:

Wir grüßen, die Hände flach auf die Oberschenkel, Hüfte einknicken, Oberkörper gerade halten, verbeugen, lächeln „sajonara" sagen. Eventuell Namen z.B. Clara-san.

Inui (Eskimo):

Sie begrüßen sich, indem sie die Nasen aneinanderreiben.

Heimreise antreten: Zum Abschluß singen wir gemeinsam im Wechselgesang das „gefährlich ekelige Matrosenlied".

Matrosenlied

Refrain für eine Vorsänger(in):
dub du du di dub du, – ... –
alle: wiederholen,

Vorsänger/in: Hey *(winken)*
alle: wiederholen,

Vorsänger/in: Refrain,
Vorsänger/in: Hey *(mehr winken)*
alle: wiederholen,

Vorsänger/in: Refrain,
alle: Refrain,

Vorsänger/in: Baby Hai *(mit den Händen kleines Gebiß darstellen)*
alle: wiederholen usw.

kleiner Hai,
großer Hai,
Riesenhai *(Gebiß wird größer)*,

Mensch schwimmt im Meer
(Brustschwimmen)

Hai schwimmt im Meer *(eine Hand ist Haiflosse auf dem Kopf)*

Mensch sieht Hai *(Hand als Sonnenschutz über die Augen halten)*
Mensch schwimmt schneller
(Kraulschwimmen)

Hai schnappt Mensch-Hmmm!
(genüßlich, gierige Mundbewegung)
Hai wird's schlecht
(Hände überm Bauch halten)

Hai wird ganz grün im Gesicht
(Gesicht zerfällt)

Hai bricht Mensch *(erbrechen)*

Gestaltungsideen aus Lateinamerika

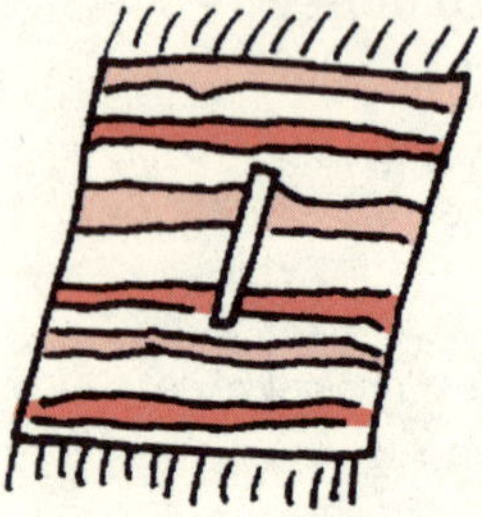

GEWOBENER PONCHO

Der Poncho ist der Mantel der südamerikanischen Indianer, besonders in den Anden.

Relativ einfach können wir auf den üblichen Webrahmen einen Puppen-Poncho weben:

1. Webrahmen bespannen.
2. Ca. 5 cm weit über die ganze Breite weben.
3. Dann während 10–12 cm von beiden Seiten her bis zur Mitte weben, so daß in der Mitte ein Schlitz entsteht.
4. Die letzten 5 cm dann wieder über die ganze Breite weben.
5. Webstück aus dem Webrahmen nehmen, Fäden vernähen, die Längsfäden verknüpfen und nicht ganz abschneiden, so daß ca. 3 cm lange Fransen entstehen.

Poncho aus einer alten Wolldecke

als Gemeinschaftsarbeit gedacht.

☐ *Material:* alte Wolldecke, Woll- und Stoffreste

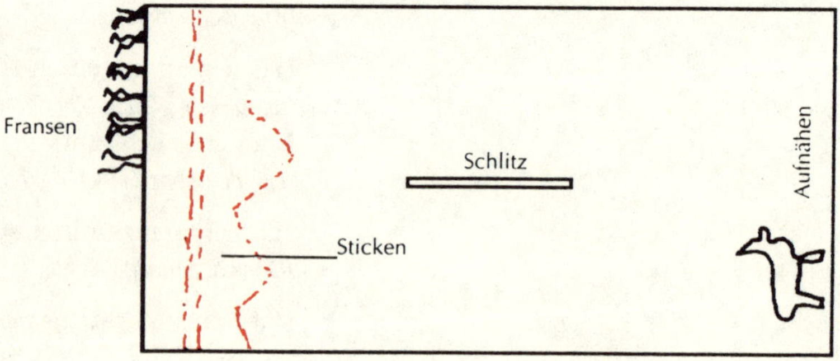

PINATA

Ein beliebtes Spielzeug an Kinderfesten in Lateinamerika sind die bunten Pinatas. Sterne, Blumen, Fische, Vögel werden aus Papier und Karton geformt. In ihrem Innern befinden sich Süßigkeiten. Einem Kind werden die Augen verbunden. Mit einem Stecken versucht es, die Pinata zu treffen, die hoch über seinem Kopf an den Zweigen eines Baumes hängt. Oft beteiligen sich die Eltern und ziehen am Seil, mit der die Pinata gehoben und gesenkt wird. Die Spannung steigt, bis die Pinata getroffen ist und der Inhalt sich über die Kinder ergießt.

Ballon mit Kleisterpapier umwickeln, trocknen. Eine Öffnung schneiden. Mit Phantasie, buntem Papier, Karton, Leim usw. ein Gebilde herstellen. Nun werden die Süßigkeiten in die Öffnung gefüllt, die danach zugeklebt wird.

Musik / Tanz

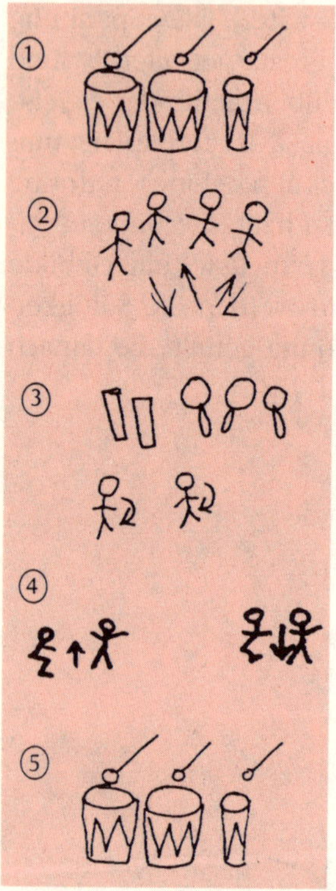

Musik kommt in allen Kulturen vor. Wir zeigen nur einen kleinen Ausschnitt. Es werden Musikinstrumente vorgestellt. Zuerst aber ein Trommeltanz aus Afrika:

1. Teil
Trommelvorspiel.

2. Teil
Eine Gruppe von Kindern; sie fassen sich an die Hände, stampfen, bewegen sich zur Kreismitte und zurück.

3. Teil
Klanghölzer und Rasseln setzen ein.
Tänzer drehen sich um sich selbst, Tänzer grüßen mit Händeklatsch ihren Nachbarn.

4. Teil
Tänzer: Hock- und Stehstellung
Klanghölzer und Rasseln klingen aus.

5. Teil
Trommelnachspiel bis Schluß.

DIE TROMMEL

Das Tamtam

Material

Eine leere Konservenbüchse (Größe: 3 oder 5 oder 1 kg), welche gegen oben und unten offen ist; die Ränder glatt feilen, um Schnittwunden zu vermeiden.

Eine getrocknete und geräucherte Schweins- oder Ochsenblase (beim Metzger zu bekommen). Eventuell: Fensterleder, 2 oder 3 dicke und solide Gummibänder; Breite 1 cm.

1. Schneide in der Blase einen Kreis aus, dessen Durchmesser größer ist als derjenige der Büchse.

2. Die Blase einige Minuten im Wasser einweichen, dann auswringen.

3. Lege die Blase auf die Öffnung der Büchse und spanne sie, soviel du kannst.

4. Halte sie mit ein oder zwei Gummibändern fest.

5. Die Blase nochmals stark anspannen. Dein Tamtam einige Stunden trocknen lassen … und schon kannst du spielen!

Bongos (die einfache Trommelvariante)

Material

Benötigt werden dafür zylinderförmige Körper (Waschpulvertrommeln, Papprollen, Kaffeedosen etc.) Packband, Schnur Plastikfolie

Die offene Seite der zylinderförmigen Hohlkörper wird mit Packband oder Plastikfolie abgedeckt und mit Schnur oder Packband fest verschlossen, damit die Abdeckung stramm auf der Trommel sitzt.

Je nach Größe erzeugen die Bongos unterschiedliche Töne. Am besten werden gleich mehrere Bongos mit Schnur oder Packband zusammengebunden.

RUMBAKUGELN

Material

1 große Orange
1 Rundholz ca. 18 cm lang, Ø 1,9 cm
Streifen aus Zeitungspapier
Seidenpapier
Tapetenkleister (gute Qualität)
Leim
getrocknete Erbsen
Vaseline

Rumbakugeln bestanden ursprünglich aus den getrockneten Schalen kubanischer Zierkürbisse, in die man Bohnen oder Perlen füllte.

1. Orange dünn mit Vaseline bestreichen, mit sechs Lagen in Kleister eingeweichtem Zeitungspapierstreifen, dann drei Lagen Seidenpapier umwickeln.

2. Papier trocknen lassen, Orange mit Messer halbieren.

3. Die beiden Kugelhälften auseinanderziehen und abnehmen (Vaseline verhindert das Festkleben), gut trocknen lassen.

4. Orange aufessen oder auspressen.

5. In der Mitte einer Kugelhälfte ein Loch mit 2 cm Durchmesser für den Rundstab schneiden. Die beiden Hälften zusammenleimen und trocknen lassen.

6. Die Trockenerbsen einfüllen.

7. Ein Rundstabende abrunden, das andere mit Leim bestreichen und bis zum Anschlag in die Kugel schieben. Stab anleimen. (eventuell mit kleinen Nägeln zusätzlich sichern)

8. Bemalen und lackieren!

RATSCHE

Material

Gebraucht werden dafür Hartholzstück, Säge, Schnitzmesser, Schmirgelpapier, Rundholz, evtl. Griff.

Hartes Holz wird wegen des intensiveren Klanges für die Ratsche benötigt. In den Mittelteil des Holzes sägt oder schnitzt man gleichmäßige Rillen ein. Sie werden hinterher gut abgeschmirgelt. Eventuell versieht man das Holzstück an einem Ende noch mit einem Griff, damit es beim Musizieren besser gehalten werden kann. Mit einem harten Rundholz reibt man über die Rillen.

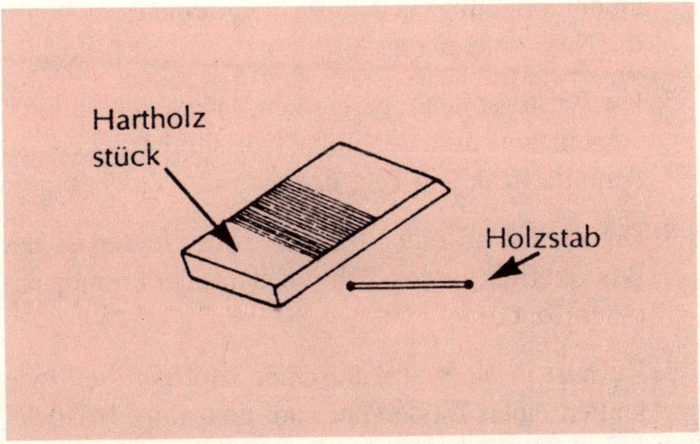

WÜRFELSPIEL

Material

Die Spielregeln:

Ein Spiel für 4–6 Kinder – Erwachsene.

Ihr braucht dafür Würfel, Spielpüppchen, Creme, Bierdeckel, Erdnüsse.

Spielregeln

1 Deine Reisevorbereitungen nach Afrika sind bald abgeschlossen. Du mußt nur noch den Koffer packen. Den anderen zeigst du einen Gegenstand, den du pantomimisch in den Koffer packst. Wenn die anderen Kinder geraten haben, darfst du würfeln und dein Spielpüppchen setzen.

2 Die Sonne scheint ununterbrochen, schon hast du einen Sonnenbrand. Laß dir von deinem Nachbarn die Nase eincremen.

3 Die Wüste ist heiß und trocken, sage einen anderen Gegenstand auf, der auch heiß und trocken ist, dann darfst du ein Feld nach vorn.

4 Du wartest an einer Bushaltestelle, leider ist der Bus überfüllt, setze dich auf den Schoß eines anderen Kindes.

5 Du hast in einer afrikanischen Stadt gesehen, wie Frauen einen Wassereimer auf dem Kopf balancieren. Versuche auch einmal, mit einem Gegenstand deiner Wahl um den Tisch herum zu laufen und ihn auf dem Kopf zu tragen.

6 Du kommst an einer Riesenbaustelle vorbei mit einem Ölbohrloch. Es stinkt furchtbar! Eine Runde die Nase zuhalten.

7 Viele Kinder in Afrika tanzen gerne, auch du kannst tanzen. Mit zwei anderen Kindern kannst du auch einen Tanz vorführen.

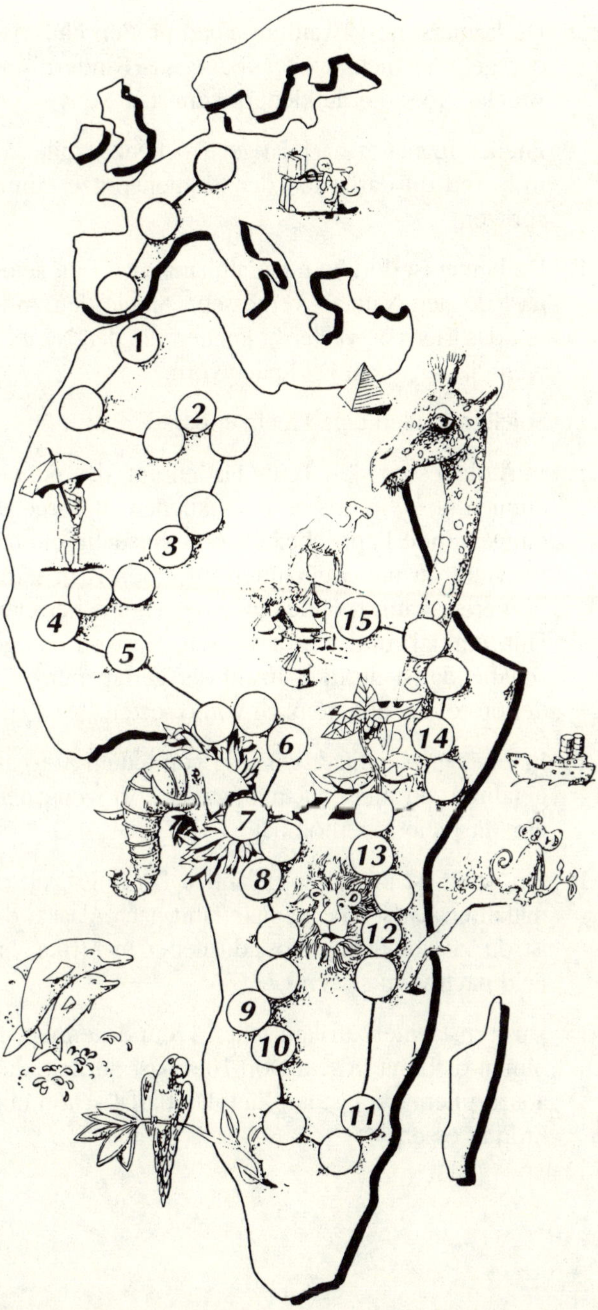

Käthe pack' die Trommel ein!

8 Du kommst im Urwald an einen großen Fluß. Leider geht es nicht weiter. Baue aus Kindern eine Brücke, über die du klettern kannst.

9 Endlich regnet es nach langer Trockenzeit, alle sind froh und du darfst mit der Blumenspritze einmal spritzen.

10 Du bemerkst dort vorn ein afrikanisches Tier. Leider hast du den Namen „vergessen". Spiele den anderen das Tier vor, vielleicht kennen die den Na-men, wenn ja, setze ein Feld nach vorn.

11 Spiele mit allen eine Elefantenparade.

12 In Afrika essen viele Leute Fladenbrot, das sieht so ähnlich aus wie unsere Pfannkuchen. Besorge dir einige runde Pappscheiben und versuche einmal, wieviele du nebeneinander auf einen Arm transportieren kannst, ohne daß eine Scheibe herunterfällt, einmal rund um den Tisch. Hast du das geschafft, darfst du die Anzahl der getragenen „Fladenbrote" als Punkte nach vorne setzen.

13 In einer großen Stadt wirst du von einem Auto angefahren, du mußt solange warten, bis wenigstens ein Mitspieler überholt hat.

14 Ein Schiff ist im Hafen gelandet. Du fragst, ob du mitfahren darfst. Der Kapitän fährt nach Alaska, das ist dir zu kalt. Da bleibst du lieber in Afrika. Ein Feld nach vorn setzen.

15 Du lernst einen afrikanischen Freund kennen. Er nimmt dich mit in sein Dorf Hier hast du Zeit, dich auszuruhen. Du bist am Ziel. Du darfst schon eine Erdnuß essen.

Leitfaden für Spielerfinder/innen

Wie noch weitere einfache Würfelspiele zusätzlich erfunden werden können, lesen Sie jetzt:

Ein Thema finden, z.B. Länderspiele (Peru, Italien usw.), Trommeln, Rund um die Banane, Ein Afrikanisches Dorf, Ein Drachenfest usw. 1. Schritt

Spielgruppen begrenzen z.B. für 4 Dreijährige, für 6 Hortkinder, für neue Eltern. 2. Schritt

Einsatzmöglichkeiten klären, z.B. als Abschluß eines Indianerfestes, nach dem Lesen des Bilderbuches, als Vorbereitung für eine Kochaktion usw. 3. Schritt

Spielplan Prototyp erstellen: z.B. einfache, überschaubare Würfelfelder, eventuell dreidimensional werden (Iglu, Schiff, Pyramide, usw.) Material: erst einmal Pappe und kostenlose Materialien. Falls das Spiel angenommen wird, eine Luxusausgabe anfertigen. 4. Schritt

Spielaufgaben ausdenken 5. Schritt

Ca. 15 % würfelbezogene Aufgaben (Zufall) z.B. kommst Du auf ein Sternchenfeld: 2 Felder vorsetzen, würfelst Du eine 3, darfst Du nochmal würfeln, keine erheblichen Bestrafungen einsetzen. Ca. 15 % gruppenbezogene Aufgaben, z.B. Lieblingstier der anderen Kinder erraten. Pro richtig erratenes Tier ein Feld nach vorn rücken. Zwei Nachbarn mit Namen nennen und mit einer Straußenfeder kitzeln usw.

Ca. 70 % themenbezogene Aufgaben, z.B. mit zwei Kindern und Dir einen kleinen Palmenhain aufstellen, auf japanisch begrüßen usw.

6. Schritt Spielregeln erklären.
Wo geht es los?
Wie geht es zuende?
Wo geht es lang?

7. Schritt Spiel erproben:
Nun sollte das Spiel einige Male erprobt und eventuelle Änderungen eingebaut werden.

Wichtig ist: Klare einfache *Würfelwege,* damit sich die Kinder nicht „verlaufen".

Aufgaben, die wohl handlungsorientiert sind, aber nicht zu sehr vom Spielplan wegführen, damit sich das Spiel nicht verläuft.

Das *Ende* sollte klar und deutlich sein. Die Kinder, die fertig sind, brauchen auch etwas zu tun.

8. Schritt Kinder erfinden Spiele. Nach einiger Zeit Brettspielerfahrung können auch Kinder selbst in die Entstehung von Brettspielen miteinbezogen werden.

Wer? Wo? Was?

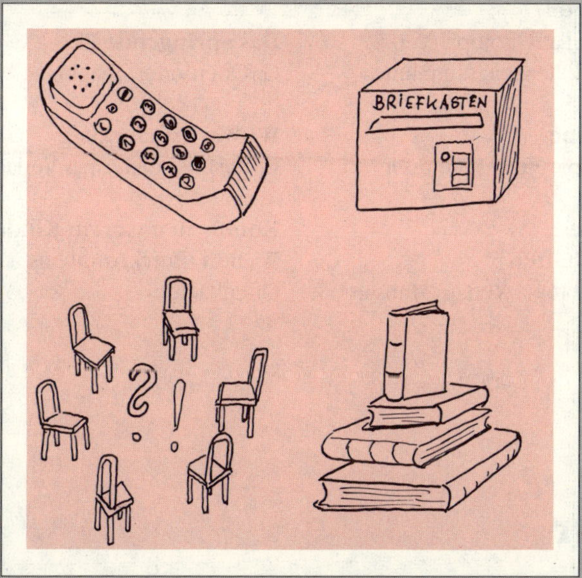

Literaturempfehlungen

Fachbücher
Minispielkartei
Beermann-Bort, Ökotopia Verlag
Eine grundlegende Spielkartei

Lebendige Elternarbeit
Bort-Gsella, Ökotopia Verlag
Anregungen zur Elternarbeit

Wir fallen aus der Rolle
Rollenspielkartei
Bort-Gsella, Gsella, Ökotopia Verlag
Umfangreiche Rollenspielsammlung

Naturspielräume
Wagner, Ökotopia Verlag, Munster

Räume gestalten,
Spielräume schaffen
Bort-Gsella, Ökotopia Verlag, Munster

Bewegungsbaustelle
Mieddzinnski, Verlag Modernes Lernen, Dortmund

Entfaltung der Sinne
Kückelhaus, Fischer Taschenbuch

Sinnsalabim
L. Ackermann u.a.: Verlag an der Ruhr, Mühlheim

Das springende Ei
G. Oberdorfer, Zytglogge Verlag, Bern

Wi-Wa-Wunderkiste
B. Kasprik, Ökotopia Verlag, Munster

Komm zu unserem Kinderfest
W. Bort, Burckhardthaus-Laetare Verlag, Offenbach

Literatur

Wir sind Kinder einer Erde

United-Kids
H.M. Groß Oertringhaus
Spiel + Aktionsbuch Dritte Welt
Elefanten Press

Die besondere Kinderzeitschrift
Samsolidam
sollte man abonnieren
Anschrift:
Aktion Solidarische Welt SAMSOLIDAM
Hedemannstraße 14
10969 Berlin

Muraho
von Kathrin Lutz-Marxer und Christoph Lutz, Jugenddienst Verlag Wuppertal.
Marco und Sabine besuchen die Familie Sibomana in dem hügeligen Land Ruanda. Was sie dort sehen und erleben steht in diesem Buch.

Wir lieben unser Land
Von Ursula Krebs, Jugenddienst Verlag.
Eine junge Deutsche war als Lehrerin in Tansania und hat ihre Erlebnisse mit den Kindern dort aufgeschrieben. Ein spannendes Buch über ein Land in dem fast die Hälfte aller Bewohner Kinder sind.

Afrikanische Kinderspiele
von Truus Nijhuis, Jugenddienst Verlag.
Viele Bilder helfen dabei, die Spiele besser kennenzulernen.

Joseph lebt in Soweto
von Karin Lis Svarre, Jugenddienst Verlag.
Das Buch handelt vom Spielen und Lernen, Wohnen und Arbeiten eines 12jährigen Jungen aus Südafrika und davon, wie wichtig die Hautfarbe eines Menschen sein kann.

Die bunte Flaschenpost
Lore Leher/Hetty Krist-Schulz, Herder Vlg.
Ein kleiner Junge sendet eine Flaschenpost, die von Kindern rund um die Erde gefunden und weitergesandt wird. Die Unterschiede der Kinder werden deutlich gemacht: andere Hautfarbe, Kleidung und Tätigkeiten.

Ein Indio darf den Tag nicht verschlafen
Gunther Feustel, Weismann Verlag.
Ein Indiojunge schildert seine Eindrücke bei der Suche nach Arbeit in der Stadt Potosi.

„Selim und Susanne"
U. Kirchberg, Verlag Heinrich Ellermann.
Ein türkischer Junge und ein deutsches Mädchen werden Freunde

„Ich bin Paco"
Veronika Schmidt, Peter Hammer Verlag.
Ein Junge aus den Anden erzählt.

Der Adler, der nicht fliegen wollte
James Aggrey, Jugenddienst Verlag.
Schön illustrierte Fabel.

Die grüne und die braune Schnecke
M. Penders/M. Smith, Jugenddienst Verlag.
Eine Geschichte über Herkunft und Folgen von Vorurteilen.

Ich und Du
M. Penders/M. Smith, Jugenddienst Verlag.
Gegenüberstellung der Welt eines Kindes im industrialisierten Europa und der afrikanischen Welt.

Käthe, die Erdumseglerin
Ein Bilderbuch zum Schauen und Staunen rund um die Welt. Hrg.: Außerbetriebliche Ausbildung – Frauen,- Jugendamt Stadt Essen.

Fortbildung – Beratung – Aktionen

Die folgenden Angebote können Sie jetzt planen und vorbereiten. Die Veranstaltungen finden in Ihren Räumen, Einrichtungen vor Ort oder in Bildungshäusern Ihrer Wahl statt. Spezielle organisatorische wie inhaltliche Überlegungen können wir absprechen. Falls Sie Interesse haben, melden Sie sich bitte frühzeitig; viele Termine stehen schon lange vorher fest.

Auf eine anregende Zusammenarbeit!
Kontakttelefon: 02 01 / 51 34 94

(Oft ist der Anrufbeantworter eingeschaltet – Rückruf erfolgt sehr zügig)

Information

Zusätzlich zu den folgenden Veranstaltungen können wir Ihnen eine langfristige Fortbildung anbieten:

Grundkurs Spielpädagogik
für pädagogische Mitarbeiter/innen

Hier werden einzelne Elemente aus den beschriebenen Kursen und Werkwochen kombiniert, evtl. mit Praxisaufgaben und Beratungen für die Teilnehmergruppen. Die Rahmenbedingungen der Institutionen und der Einsatzfelder werden berücksichtigt. Hier ist eine langfristige Planung besonders wichtig.

Übersicht

Kurse / Seminare
- Spiele aus der Wundertüte
- Spiele und Spielzeug selbstgemacht
- Lebendige Elternarbeit
- Räume gestalten – Spielräume schaffen
- Medien im Kindergarten

Werkwochen
- Kindergarten – Sinnesgarten
- Stock und Hut steht uns gut
- Puppen-, Masken-, Schatten-Theater

Weitere Kursthemen
Beratungen, Konzepte
Mobile Veranstaltungsangebote

Spiele aus der Wundertüte Kooperative Spiele für die Gruppe

Ausschreibungsvorschlag:
Miteinander, nicht gegeneinander; diese wichtige Grundaussage steht im Mittelpunkt dieses spielpädagogischen Grundkurses für Mitarbeiter/innen aus pädagogischen Einrichtungen. Es werden vielfältige kooperative und bewegte Spiele vorgestellt und ausprobiert. Über Motivation und Spielgruppenleitung gibt es Informationen. Vor allen Dingen wird viel gespielt.

Spiele und Spielzeug selbstgemacht Spiele erfinden

Ausschreibungsvorschlag:
Vorgestellt und ausprobiert werden Möglichkeiten, wie man Spiele und Spielzeug mit kostengünstigen Materialien selbst herstellen und / oder erfinden kann. Eine Spielwerkstatt mit reichlich kreativen Anregungen für gestaltungsfreudige Menschen.
Besondere pädagogische Ziele werden dabei berücksichtigt. Eine kritische Auseinandersetzung mit der industriellen Spielzeugproduktion wird angeregt. Bitte Materialliste anfordern!

Planen Sie Ihre Veranstaltung frühzeitig!
Kontakt: Wolfgang Bort, Eickelkamp 19, 45276 Essen, Telefon (02 01) 51 34 94

Lebendige Elternarbeit

Ausschreibungsvorschlag::
Wie können Eltern und ErzieherInnen zum Wohle der Kinder zusammenarbeiten? Welche Programmgestaltungsmöglichkeiten, welche Bildungsansätze sind in der Elternarbeit sinnvoll? Wie kann ich Eltern gewinnen und aktivieren?
Diese Fragen werden in diesem Seminar beantwortet. Darüber hinaus werden Spiele und aktivierende Methoden erprobt.
Wichtige Themen wie „Öffentlichkeit" und „Gesprächskontakte mit Eltern" werden behandelt. Hinzu kommen Einblick und Vorschläge zu Aktionen mit Eltern und Kindern.
Dies ist ein Kurs für alle, die sich eine aktivere Elternschaft wünschen. Ein Schwerpunkt wird auf gruppenaktivierende Methoden gelegt. Das partnerschaftliche Verhältnis zwischen Eltern und hauptamtlichen Erzieher/innen steht hierbei im Vordergrund.

Räume gestalten – Spielräume schaffen

Ausschreibungsvorschlag:
Der Raum erzieht mit. Nicht alle, die in pädagogisch genutzten Räumen leben und arbeiten, sind mit diesen zufrieden. Was verändert werden kann, um effizienter zu spielen, wie Handlungsräume für Kinder erweitert und verbessert werden können; das ist ein Schwerpunkt des Kurses.

Er zeigt in praxisbezogener Form, wie Räume ohne allzu hohe finanzielle Aufwendungen verändert und verbessert werden können. Wie wirken Räume? Welche konkreten Änderungen kann ich wie erreichen?

Anhand von vorhandenen Räumen werden Alternativmodelle entwickelt. Die Probleme der einzelnen Einrichtungen kommen nicht zu kurz. Dieser Kurs ist geeignet für Mitarbeiter/innen aus Kindergärten, KITAs, Horten und der offenen Kinderarbeit, für Leute, die etwas in Bewegung bringen wollen. Mitzubringen sind: Dias aus der Einrichtung!

Medien im Kindergarten und in der Kinder- und Jugendarbeit

Ausschreibungsvorschlag:
Gibt es die Möglichkeit, audio-visuelle Medien in der Kindertagesstätte einzusetzen? Welche Medien sind sinnvoll? Wir arbeiten mit Fotos, Dias, Kassetten, Tageslichtschreibern und Filmen. Es werden einfache übertragbare Methoden vorgestellt, die wenig technische Kenntnisse voraussetzen und in den Alltag des Kindergartens und Hortes übertragbar sind. Auf Wunsch wird das Problem „Fernsehen und Fernsehkonsum" angesprochen.

Dies ist ein medienpädagogischer Kurs mit vielen Experimenten für alle Mitarbeiter/innen in Horten und Kindergärten. Bitte Fotoapparate und Leerkassetten (MC) mitbringen.

Kindergarten – Sinnesgarten

Werkwoche
Ausschreibungsvorschlag:
In unserer betonierten oder in Klarsichthüllen verpackten Welt müssen wir die selbstverständlichsten Erfahrungen oft wieder neu organisieren. Wie aus dem Kindergarten ein Garten gestaltet werden kann, wie Kindern Erlebnisräume nähergebracht werden und dies ohne große Kosten geschehen kann, will diese Werkwoche näherbringen. Besonders die Überlegungen von H. Kückelhaus werden auf die Lebenswelt der Kindergartenkinder übertragen. Eine Woche, in der viel selbst gestaltet wird.

Stock und Hut steht uns gut Theater und Rollenspiel mit Kindern

Werkwoche
Ausschreibungsvorschlag:
Eine Woche lang nichts als Theater: Probenarbeit, kleine Inszenierungen, spielerische Übungen, Aufführungen und Mitmachaktionen. Es wird produktorientiert gearbeitet, d.h. viel Theater mit wenig Technik und Material. Spiel- und theaterpädagogische Grundlagen kommen nicht zu kurz. Dies ist ein Kurs für alle Mitarbeiter/innen aus pädagogischen Einrichtungen. Vorerfahrungen sind nicht erforderlich. Am Ende der Woche sollte die Freude an darstellenden Spielen größer geworden sein und die Teilnehmer/innen können eine Spielgruppe leiten.

Mitzubringen sind: Kopfbedeckungen, Geräte, die Geräusche machen, eine Zeitung, evtl. Nasen oder Brillen, Handschuhe, Täschen, ungewöhnliche Kleidung, Fußbekleidung.

Puppen-, Masken-, Schatten-Theater Mediales Spiel

Werkwoche
Ausschreibungsvorschlag:
Theater aus dem Verborgenen: Wer nicht auf der Bühne stehen will, läßt „die Puppen tanzen". Eine Werkwoche, bei der viel gestaltet und gespielt wird. Mediale Spielformen werden vorgestellt und ausgeführt. Im Mittelpunkt stehen Spieltech-

niken, die Kinder verstehen, einfache Arbeitsformen, die ohne hohe Kosten realisiert werden können.

Neben der Herstellung stehen Spielübungen, Probenarbeit, Inszenierungen und pädagogische Überlegungen im Vordergrund. Dies ist ein Kurs mit Praxisbezug für Menschen, die Kinder anregen und begeistern wollen.

Weitere Kursthemen

Die folgenden Kursthemen sind stichwortartig aufgeführt; genauere Inhalte sind abzusprechen.

- Spiele + Ideen für Miniclubs und Eltern-Kind-Gruppen
- Gewalt + Aggressivität im Spiel
- Fest- + Feiergestaltung (Stadtteilfeste, Schulfeste, Kindergartenfeste etc.)
- Spiele mit Großgruppen
- Spiele auf dem Spielplatz, Spiele fürs Spielmobil
- Spielplatzgestaltung, Schulhofgestaltung
- Spiele + Ideen für die Seniorenarbeit
- Spiele in der Schule (Oje)
- Spiel für Ferienfreizeiten, Freizeitleiterschulungen
- Spielketten, Spielreisen
- Spiel und Theater mit Jugendlichen
- Aktivierende Methoden und Spiele für die Bildungsarbeit
- Gruppen leiten lernen, Anregungen für ehrenamtliche Mitarbeiter/innen
- Kinderkino
- Werkstattkurse (Wir erstellen ein Kinderatelier, einen Sinnesgarten, ein Außengelände, ein Spielmobil usw.)

Beratung

Guter Rat ist teuer! Oft zahlt er sich jedoch aus, weil Fehlinvestitionen vermieden werden, weil Programmentscheidungen leichter und wirksamer getroffen werden können, weil ein Team durch Ideen und Anregungen wieder neu motiviert werden kann.

Es geht um sehr konkrete Ziele und Aufgaben. Hier einige Beispiele:

Ein Kindergarten soll umgestaltet und verändert, die Räume effektiver gestaltet werden.

- Ein Schulhof wird kinderfreundlicher gestaltet.
- Eine Behindertenwerkstatt möchte sinnvolles Spielzeug produzieren.
- Eine Schule möchte ein großes Fest feiern.
- Eine Stadt möchte eine Kinderkulturwoche gestalten.
- Eine Initiative feiert ein Straßenfest.
- Ein Jugendverband plant ein großes Spiel- und Theatertreffen.
- Ein Kinderheim will ein eigenes „Kulturzentrum“ einrichten.
- Eltern planen eine Bewegungsbaustelle.
- Eine Stadtverwaltung will ihr Rathaus kinderfreundlicher gestalten.

Die Beratungsmöglichkeiten sind sehr vielfältig.

Da viele Mitarbeiter/innen der Spielwerkstatt „Rhinozeros“ auch in Institutionen arbeiten, sind die Ratschläge auch sehr praxisnah. Unter Beratung wird hier eine produkt-, nicht prozeßorientierte Aktivität verstanden.

Es geht darum, bei der Lösung von Problemen zu helfen, nicht darum, eine Gruppe bei der Findung und Formulierung von Problemen zu begleiten.

Deswegen wird diese Art Beratung auch kurz sein (1/2 bis 1 Tag). Eventuell folgen weitere schriftliche Aufzeichnungen (z.B. Anschriften, Zeichnungen etc.).

Das Honorar richtet sich nach dem Aufwand der Tätigkeit. Beratung ist zu empfehlen, weil Fachleute, die nicht „betriebsblind" und nicht in die Hierarchie einer Einrichtung eingebunden sind, Lösungen anstoßen können.

Kontakt: Tel. 02 01/51 34 94
(W. Bort-Gsella)

Konzepte

Während Beratung den handelnden Mitmenschen unterstützt, gehen Konzepte einen Schritt weiter. Es werden fertige „Blaupausen" geliefert. Wer also z.B. ein Würfelspiel, eine Arbeitshilfe oder einen gestalteten Raum braucht, selbst aber nicht genug Zeit hat, kann sich diese Dinge auch per Werkvertrag erstellen lassen.

Beispiele:

- Ein Würfelspiel zur Verkehrserziehung, zur Eine-Welt-Problematik, als Prävention zur Schuldnerberatung oder als Abschlußgeschenk bei einem großen Familienfest.
- Ein Wartezimmer eines Kinderarztes oder Sozialamtes.
- Ein Kinderraum im Bundestag.
- Ein Spielmobil im Kombi.
- Eine Solidaritätsaktion für ...
- Einen Adventskalender für Behördenleiter im baldigen Ruhestand.
- Eine Radiosendung zum Thema „Leih' mir Dein Ohr für ...".
- Ein Medienpaket für eine Aktion.
- Ein Spiel für eine Person oder Gruppe.

Diese Beispiele sind sehr erweiterbar. Die Kosten berechnen sich aus Zeitaufwand und Material. Bei gedruckten Materialien wird Grafik, Satz, Gestaltung und Druck extra berechnet.

Durch Personalreduzierung wird dieses Angebot im „Nonprofitbereich" zunehmend interessanter. Dies gilt auch für den nächsten Angebotsbereich.

Veranstaltungen

Nicht jede Institution kann sich eigene Spiel- oder KulturpädagogInnen leisten. Der Wunsch nach etwas „Besonderem" bringt das Personal in Wallung. Dies ist erst einmal gut und richtig und kann motivieren. Vieles kann ein pädagogisches Team selbst auf die Beine stellen!

Nur wenn es überlastet, kurzfristig erkrankt, wegrationalisiert, fachlich anders orientiert ist, springen wir kurzfristig ein.

Dies ist sehr vielfältig, die Möglichkeiten reichen vom Elternabend in der Kindertagesstätte (siehe nächste Seite) bis zur großen Spielaktion mit sehr vielen Mitmenschen.

Manchmal ist es kostengünstiger, kurzfristig mit der Spielwerkstatt „Rhinozeros" zusammenzuarbeiten, als das Personal mit den zusätzlichen Aufgaben langfristig zu binden.

Wir setzen dabei inhaltliche Akzente, Spiel ist für uns eher kooperativ als wettbewerbsorientiert. Es beteiligt viele Mitmenschen und stellt nicht einige wenige in den Mittelpunkt, es lädt zum Mitmachen, nicht zum Konsumieren ein. Wir arbeiten mit kostengünstigen Materialien, vieles ist in den Alltag einer Institution übertragbar.
Es macht Spaß, allein durch Abenteuer, Bewegung, Kreativität. Freude am Gewinnen, Blamieren oder an Vorurteilen wollen wir dagegen vermeiden. Gerne arbeiten wir integrativ, versuchen, verschiedene Mitmenschen gemeinsam zu erfreuen (Freunde, Alt und Jung, Behinderte und Nichtbehinderte, Dicke und Dünne, Schlaue und Schlichte).

Die Veranstaltungen sind für den „Nonprofitbereich" gedacht, also Organisationen und Gruppen, Institutionen und Initiativen im überwiegend pädagogischen, kulturellen und sozialen Bereich. Private Feiern, aber auch Aktivitäten von Werberingen und Kaufhäusern sind hier nicht gemeint.

Wir beteiligen uns nicht an allen Veranstaltungen, bei denen Waffen oder Drogen (Alkohol) eine zentrale Bedeutung haben.

Sehr bedenklich sind auch Veranstaltungen, bei denen die Mitmenschen zu sehr auseinandergebracht werden, z.B.: „Hier sitzen philosophierende Erwachsene – dort spielen Kinder. Hier eröffnet der Oberbürgermeister ein Jugendhaus vor Honoratioren – dort ist eine Spieldisco für Teenies."

Die Rahmenbedingungen der Veranstaltungen bedürfen einer genauen Absprache und Vereinbarung. Obwohl auch unter sehr unvorhersehbaren Bedingungen originelle Aktionen entstehen können, ist Spiel auch sehr abhängig von der Situation, dem Raum und der Befindlichkeit der Mitspielenden.

Verschiedene Formen von Veranstaltungen sind möglich:

- Spieltage (offene Veranstaltungen für viele Mitmenschen)
- Spieltagungen (offene Veranstaltungen für Multiplikatoren)
- Abschluß- oder Einstiegsveranstaltungen (Abschlußfest Kindergarten, Ferienspielaktionsauftakt, Bunter Abend bei einer Verbandstagung usw.)
- Exemplarische Spielaktionen (beim Tag des Kindes, Jubiläum einer Familienbildungsstätte, Internationales Fest usw.)

Bei kurzzeitigen Veranstaltungen (1–2 Stunden) wäre zu bedenken, ob der Aufwand (z.B. Fahrzeit) in Relation zum Effekt steht. Bei Großveranstaltungen mit längerer Vorbereitungszeit und der Beteiligung vieler Mitarbeiter/innen ist eine langfristige Zeitplanung wichtig.

Lebendige Elternarbeit

Unter diesem Stichwort finden Sie abwechslungsreiche Elternabende für Ihre Einrichtung.

1. Spiele aus der Wundertüte
Ein aufregender Spieleabend mit einer bunten Mischung aus kooperativen und bewegten Spielen.

2. Mit Kindern Feste feiern
Anregende Spiele und Beispiele, wie mit Kindern Feste gefeiert werden können (z.B. Kindergeburtstage).

3. Spielzeug – selber machen –
Welche Aufgabe hat Spielzeug, wie kann man Spielzeug selber gestalten?

4. Mini-Theater
Darstellende Spiele ohne Blamagemöglichkeiten machen auch Eltern Spaß.

5. Abenteuer eines Bücherwurms
Bücher-Spiele und Geschichten werden vorgestellt. Wie kann man Kindern Bücher näherbringen?

6. Kinder und Gewalt
Auch Kindergartenkinder sind keine Engel. Wie kann man mit Aggressivität und Gewalt bei Kindern sinnvoll umgehen? Informationen und praktische Beispiele.

7. Fernsehen bildet
Wie wirken Medien auf Kinder? Was können Eltern Sinnvolles tun?

Kontakt:
Spielwerkstatt „Rhinozeros"
c/o Wolfgang Bort-Gsella
Eickelkamp 19
45276 Essen
Tel.: 02 01/51 34 94

Zu diesem Thema ist vom gleichen Autor in der Reihe 3–7 folgender Titel lieferbar:

Spiel-Lern-Reihe

3–7

Die bereits erschienenen Bände, alle broschiert mit 96 Seiten und vielen Abbildungen

Maja Hasenbeck
So wunderschön wie heute
Geburts- und Namenstage feiern
ISBN 3-7664-9299-3

Katharina Schenk
Lieber Gott, wo bist du?
Mit Kindern Glauben lernen
ISBN 3-7664-9296–9

Achim Schenk
Auch kleine Leute haben's schwer
Ängste und Fremdheit spielerisch überwinden
ISBN 3-7664-9293-4

Kerstin Etscher
Gottes Welt ist schön
Kinder erfahren die Natur
ISBN 3-7664-9290-x

Wolfgang Bort
Elternarbeit leichter ...
Wie man Eltern aktiviert
ISBN 3-7664-9276-4

Eckart Bücken
Bei uns spielt die Musik
Klangspiele und Spiellieder
ISBN 3-7664-9283-7

Gabriela Falkenberg
Gefühl bis in die Fingerspitzen
Körpererfahrung mit Kindern
ISBN 3-7664-9281-0

Regina Grabbet / Heike Baum
Naß, aber pudelwohl
Wasserspiele mit kleinen Kindern
ISBN 3-7664-9288-8

Maja Hasenbeck
In die Augen, in den Sinn
Wahrnehmung in Kindergruppen
ISBN 3-7664-9286-1

Heike Müller
Da fällt was für uns ab
Was man mit „Müll" machen kann
ISBN 3-7664-9278-0

Wolfgang Bort
Komm zu unserem Kinderfest
Ideen, Vorschläge und Anregungen zum Festefeiern
ISBN 3-7664-9227-6

Regina Grabbet
Laufen, Toben, Springen ... **Loben**
Bewegungsspiele in Kindergruppen
ISBN 3-7664-9236-5

Daniela Feix-Mag
Komm, wir finden einen Wortschatz
Sprach- und Sprechspiele in Kindergruppen
ISBN 3-7664-9305-1

Eckart Bücken
Hören, was der Tag erzählt
Stille und Meditation mit Kindern
ISBN 3-7664-9309-4

Regina Grabbet
Schenken macht Spaß
Kinder gestalten mit Pfiff und Phantasie
ISBN 3-7664-9310-8

Achim Schenk
Lichtertanz, Augenglanz
Neuer Schwung in Kindergruppen
ISBN 3-7664-9313-2

Burckhardthaus-Laetare Verlag Offenbach/M.